# Workbook/Laboratory Manual
## Volume 2
### to accompany

# ¿Qué tal?

## AN INTRODUCTORY COURSE
### Seventh Edition

**Alice A. Arana**
*Formerly of Fullerton College*

**Oswaldo Arana**
*Formerly of CSU Fullerton*

**María Sabló-Yates**
*Delta College*

Boston    Burr Ridge, IL    Dubuque, IA    Madison, WI    New York    San Francisco    St. Louis
Bangkok    Bogotá    Caracas    Kuala Lumpur    Lisbon    London    Madrid    Mexico City
Milan    Montreal    New Delhi    Santiago    Seoul    Singapore    Sydney    Taipei    Toronto

## McGraw-Hill Higher Education

A Division of The **McGraw-Hill** Companies

*Workbook / Laboratory Manual (Volume 2)*
*to accompany ¿Qué tal?*
*An Introductory Course*

Published by McGraw-Hill, an imprint of The McGraw-Hill Companies, Inc.,
1221 Avenue of the Americas, New York, NY 10020. Copyright © 2007 by The
McGraw-Hill Companies, Inc. All rights reserved. No part of this publication
may be reproduced or distributed in any form or by any means, or stored
in a database or retrieval system, without the prior written consent of The
McGraw-Hill Companies, Inc., including, but not limited to, in any network
or other electronic storage or transmission, or broadcast for distance learning.

This book is printed on acid-free paper.

1 2 3 4 5 6 7 8 9 0 QPD QPD 0 9 8 7 6

ISBN-13: 978-0-07-320784-1
ISBN-10: 0-07-320784-5

Vice president and Editor-in-chief: *Emily Barrosse*
Publisher: *William R. Glass*
Senior sponsoring editor: *Christa Harris*
Director of development and media technology: *Scott Tinetti*
Development editor: *Pennie Nichols*
Executive marketing manager: *Nick Agnew*
Senior supplements producer: *Louis Swaim*
Production editor: *Mel Valentín*
Illustrators: *David Bohn, Wayne Clark, Anica Gibson, Rick Hackney,
    Sally Richardson, Dave Sullivan*
Compositor: *Techbooks*
Typeface: *10/12 Palatino*
Paper: *45# Scholarly Matte*
Printer and binder: *Quebecor World Printing, Dubuque*

http://www.mhhe.com

# ▦ Contents

# To the Student

Welcome to Volume 2 of the combined Workbook/Laboratory Manual to accompany *¿Qué tal? An Introductory Course,* Seventh Edition. Each chapter of this Workbook/Laboratory Manual is based on the corresponding chapter of the text, so that you may practice and review on your own what you are learning in class. For ease of identification, the exercises appear under the same headings as in *¿Qué tal?* Once a section from the textbook has been introduced, you can do the same section in the Workbook/Laboratory Manual with the assurance that no new vocabulary or structures from later sections of that chapter will be encountered.

## Special Feature

This Workbook/Laboratory Manual also contains a unique and convenient feature: within each chapter, each individual **paso** can be torn out and handed in without disturbing the remainder of the chapter. This means that you can have your instructor check your work on previous **pasos** while you continue to practice current class material. It also means that the study materials are clearly organized and easy for you to use.

## Integrated Written and Oral Exercises

Because your different senses and skills (writing, reading, listening, and speaking) reinforce one another, written and oral exercises for each point in the text appear together in the Workbook/ Laboratory Manual. Oral exercises are coordinated with the Audio Program, available in compact disc format, which you can use at home or at your school's language laboratory. They are marked with a headphones symbol:

    To get the most out of the Audio Program, you should listen to the CDs after your instructor covers the corresponding material in class, and you should listen as often as possible. You will need the Workbook/Laboratory Manual much of the time when you listen to the CDs, since many of the exercises are based on visuals, realia (real things—such as advertisements, classified ads, and so on that you would encounter in a Spanish-speaking country), and written cues.

## Organization

The structure of the Workbook/Laboratory Manual parallels that of the main text. **Capítulos 10–18** are organized as follows:

- **Paso 1: Vocabulario** allows you to practice the thematic vocabulary of each chapter through a variety of fun and interesting exercises. Here and in **Pasos 2** and **3,** written and oral exercises appear together for each point. The **Pronunciación y ortografía** listening and pronunciation exercises provide focused practice of Spanish pronunciation, with explanations all in English. In **Los hispanos hablan** sections, students from Spain and Latin America answer questions about their life in their countries and their impressions of life in this country. These sections are followed by comprehension questions, such as true-false, short answer, or personal reaction.

- **Paso 2: Gramática** presents a variety of exercises on each grammar point in the corresponding section of the main text.
- **Paso 3: Gramática,** like **Paso 2,** gives you the opportunity to practice chapter structures through written and oral exercises. In addition, **Un poco de todo** combines grammar points and vocabulary introduced in the current chapter as well as in previous chapters.
- **Paso 4: Un paso más** provides additional practice and focuses on integrating chapter vocabulary and grammar. Its main features are the following:
  - **Videoteca** reinforces the Video Program to accompany *¿Qué tal?* Each section includes comprehension activities for the **Entrevista cultural** and **Entre amigos** videoclips.
  - **Enfoque cultural,** a cultural review section that focuses on Hispanic countries, is also practiced with comprehension exercises.
  - **¡Repasemos!** includes a focused review of grammar and vocabulary from preceding chapters, including reading selections, tense transformation, and paragraph completion. This section also contains a *Listening Passage,* with pre- and post-listening activities designed to guide and facilitate comprehension of the *Listening Passage.* These passages are cultural in nature and contain information on a variety of topics related to the Hispanic world. Their themes are related to the theme of each chapter. A section called **Antes de escuchar,** in which you will practice a variety of listening strategies, often precedes them. Comprehension or follow-up exercises are offered in **Después de escuchar.** Each **¡Repasemos!** section includes an oral interview, in which you write your responses to personalized questions. Answers for **¡Repasemos!** sections are *not* provided in the Appendix.
  - **Mi diario** is a chapter-culminating activity in which you are encouraged to write freely about your own experiences, applying the material you have been studying in that chapter.
  - **Paso 4** also includes a final section called **Póngase a prueba.** In this section, you will find first a short quiz called **A ver si sabe... ,** which focuses on some of the more mechanical aspects of the language-learning process, such as memorization of verb forms and syntax. By taking this quiz, you can evaluate your knowledge of the most basic aspects of the language before moving on to the **Prueba corta,** where you will complete a brief quiz that contains more contextualized written and oral practice.

# Appendix 1: Capítulo 9

In the event that you begin your study of Spanish using the second half of the textbook, we repeated **Capítulo 9** here for your convenience.

# Appendix 2: Answers

Answers to most oral exercises are given on the Audio Program. In a few cases, as required, they appear in the Appendix at the back of this Workbook/Laboratory Manual. Answers to most written activities also appear in the Appendix. No answers are provided for exercises requiring personalized answers, indicated with this symbol: ❖

# Acknowledgments

The authors wish to offer their sincere thanks to the following individuals:

- Ana María Pérez-Gironés (Wesleyan University), who wrote the listening passages in the **¡Repasemos!** sections
- Manuela González-Bueno (University of Kansas), who made many helpful suggestions for improving the **Pronunciación y ortografía** sections
- the Hispanic exchange students whose answers were the basis of the passages in the **Los hispanos hablan** sections
- William R. Glass, whose reading of previous editions of the separate Workbook/Laboratory Manual provided welcome suggestions and advice
- Christa Harris, for her valuable suggestions, helpful comments, and continued assistance and good humor in the editing of this edition
- Pennie Nichols, whose comments, suggestions, and superior editing made this combined Workbook/Laboratory Manual and Audio Program possible
- Thalia Dorwick, whose continuing work on *¿Qué tal?* reflects her abiding love of language learning and teaching

We sincerely hope that beginning Spanish will be a satisfying experience for you!

Alice A. Arana<br>
Oswaldo Arana<br>
María Sabló-Yates

# About the Authors

**Alice A. Arana** is Associate Professor of Spanish, Emeritus, Fullerton College. She received her M.A.T. from Yale University and her Certificate of Spanish Studies from the University of Madrid. Professor Arana has taught Spanish at the elementary and high school levels, and has taught methodology at several NDEA summer institutes. She is coauthor of the first edition of *A-LM Spanish,* of *Reading for Meaning—Spanish,* and of several elementary school guides for the teaching of Spanish. In 1992, Professor Arana was named Staff Member of Distinction at Fullerton College and was subsequently chosen as the 1993 nominee from Fullerton College for Teacher of the Year. In 1994, she served as Academic Senate President.

**Oswaldo Arana** is Professor of Spanish, Emeritus, at California State University, Fullerton, where he has taught Spanish American culture and literature. He received his Ph.D. in Spanish from the University of Colorado. Professor Arana has taught at the University of Colorado, the University of Florida (Gainesville), and at several NDEA summer institutes. He served as a language consultant for the first edition of *A-LM Spanish* and is coauthor of *Reading for Meaning—Spanish* and of several articles on Spanish American narrative prose.

The Aranas are coauthors of the Workbook to accompany *Puntos de partida: An Invitation to Spanish,* first through seventh editions, the Workbook/Laboratory Manual to accompany *Puntos en breve,* Second Edition (McGraw-Hill, 2007), and of previous editions of the *¿Qué tal?* Workbook/Laboratory Manual.

**María Sabló-Yates** is a native of Panama. She holds a B.A. and an M.A. from the University of Washington (Seattle). She has taught at the University of Washington and Central Michigan University (Mt. Pleasant, Michigan), and is an Instructor at Delta College (University Center, Michigan). She is the author of previous editions of the *¿Qué tal?* Laboratory Manual, of the first through seventh editions of the Laboratory Manual to accompany *Puntos de partida: An Invitation to Spanish,* and coauthor of the Workbook/Laboratory Manual to accompany *Puntos en breve,* Second Edition (McGraw-Hill, 2007).

CAPÍTULO **10**

# Paso 1 Vocabulario

## ◼ La salud y el bienestar

**A. Las partes del cuerpo.** Complete las oraciones con las partes del cuerpo. **¡OJO!** ¡Cuidado con el artículo definido!

> boca  cerebro  corazón  dientes  estómago  garganta  nariz  oídos  ojos  pulmones

1. Hablamos con _____ y pensamos con _____.

2. Vemos con _____ y oímos con _____.

3. Respiramos con _____ y _____.

4. La sangre (*blood*) pasa por _____.

5. Tragamos (*We swallow*) la comida por _____.

6. La comida se digiere (*is digested*) en _____.

7. Masticamos (*We chew*) con _____.

**B. ¿Saludable (*Healthy*) o no?** Conteste las preguntas según los dibujos.

1.

    **a.** ¿Qué hace Angélica?

    _____

    **b.** ¿Qué tipo de vida lleva?

    _____

    **c.** ¿Hace Ud. tanto ejercicio como ella?

    _____

2.

    **a.** ¿Se cuida mucho este señor?

    _____

    **b.** ¿Qué recomienda el médico que deje de hacer?

    _____

    **c.** ¿Es mejor que coma carne o verduras?

    _____

    **d.** ¿Debe usar más su coche o debe caminar más?

    _____

❖C. **Preguntas personales.** Vamos a hablar de su salud. Conteste con oraciones completas.

1. ¿Lleva Ud. gafas o lentes de contacto? ¿Ve Ud. bien sin ellos? _____

   _____

2. ¿Duerme Ud. lo suficiente? ¿Cuántas horas duerme por lo general? _____

   _____

3. ¿Qué deportes practica Ud.? ¿Levanta pesas (*weights*) o hace ejercicios aeróbicos?

   _____

4. ¿Come Ud. equilibradamente? ¿Qué cosas come Ud. generalmente? _____

   _____

5. ¿Qué le pasa a Ud. cuando no se cuida? _____

   _____

D. **Asociaciones.** You will hear a series of activities. Each will be said twice. Circle the body part that you associate with each. ¡OJO! There may be more than one answer for each activity.

1. los pies            las piernas          los dientes          la garganta

2. los pulmones        las manos            la nariz             los ojos

3. los pulmones        la boca              las manos            las piernas

4. los dientes         la garganta          el corazón           la boca

5. los ojos            los pulmones         las piernas          el estómago

6. la nariz            los oídos            las orejas           la garganta

E. **Algunas partes del cuerpo.** Identify the following body parts when you hear the corresponding number. Use **Es...** or **Son...** and the appropriate definite article.

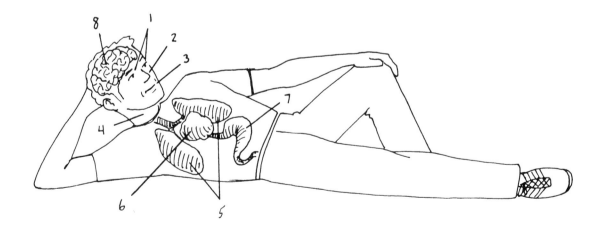

# En el consultorio

**A. Cuestiones de salud.** Conteste las preguntas con la forma apropiada de las palabras de la lista.

| | | |
|---|---|---|
| abrir la boca | dormir lo suficiente | llevar lentes |
| antibióticos | fiebre | pastillas |
| comer equilibradamente | hacer ejercicio | sacar la lengua |
| congestionado | jarabe | tos |
| cuidarse | | |

1. ¿Qué tiene Ud. si su temperatura pasa de 37,0 grados (centígrados)?

   _____

2. ¿Qué tenemos que hacer cuando el médico nos examina la garganta? (Mencione dos cosas.)

   _____

   _____

3. ¿Cuáles son cuatro cosas que debemos hacer para llevar una vida sana?

   _____

   _____

4. ¿Qué síntomas tenemos cuando tenemos un resfriado?

   _____

   _____

5. Generalmente, ¿qué receta (*prescribes*) el doctor para la tos?

   _____

6. ¿Qué es necesario hacer si no vemos bien?

   _____

7. ¿Qué receta nos da el médico si tenemos una infección?

   _____

8. Y Ud., ¿qué prefiere tomar para la tos, jarabe o pastillas?

   _____

**B. Para completar.** You will hear a series of incomplete statements. Each will be said twice. Circle the letter of the word or phrase that best completes each statement.

1. a. ponerle una inyección    b. respirar bien

2. a. guardamos cama    b. nos sacan una muela

3. a. una tos    b. un jarabe

4. a. frío    b. un resfriado

## C. Descripción: Hablando de problemas de salud

**Paso 1.** In each of the drawings, a person is suffering from some type of ailment. Pause and write what the ailment is, based on the cues in the drawing. You should also tell where each person might be. The first one is partially done for you. (The small circles are for **Paso 2.** Check your answers to **Paso 1** in the Appendix before you begin **Paso 2.**)

1.

Darío tiene dolor de _____.

(A Darío le duele el _____.)

Él está en _____.

2. _____
_____

3. _____
_____

4. _____
_____

Now resume listening.

**Paso 2.** Now you will hear a doctor's recommendations. Each will be said twice. Write the letter of the recommendation in the circle of the corresponding drawing.

## Nota comunicativa: The Good Thing . . . The Bad Thing . . .

**¿Qué piensa Ud.?** Conteste las preguntas según su opinión.

1. ¿Qué es lo bueno (o lo malo) de vivir cerca de una playa? _____

_____

2. ¿Qué es lo mejor de dejar de fumar? _____

_____

3. ¿Qué es lo peor de resfriarse? _____

_____

4. ¿Qué es lo malo de ir al dentista? _____

_____

## Pronunciación y ortografía: *s, z, ce,* and *ci*

**A. El sonido [s].** The [s] sound in Spanish can be spelled several different ways and has several variants, depending on the country or region of origin of the speaker. Listen to the difference between these pronunciations of the [s] sound in two distinct Spanish-speaking areas of the world.*

| | |
|---|---|
| Spain: | Vamos a llamar a Susana este lunes. |
| Latin America: | Vamos a llamar a Susana este lunes. |
| Spain: | Cecilia siempre cena con Alicia. |
| Latin America: | Cecilia siempre cena con Alicia. |

| | | | |
|---|---|---|---|
| Spain: | Zaragoza | Zurbarán | zapatería |
| Latin America: | Zaragoza | Zurbarán | zapatería |

Notice also that in some parts of the Hispanic world, in rapid speech, the [s] sound becomes aspirated at the end of a syllable or word. Listen as the speaker pronounces these sentences.

¿Hasta cuándo vas a estar allí?       Les mandamos las cartas.

**B. Repeticiones.** Repeat the following words, imitating the speaker.

| | | | | |
|---|---|---|---|---|
| 1. | sala | pastel | vaso | años |
| 2. | cerebro | ciencias | piscina | ciudad |
| 3. | corazón | azul | perezoso | zapatos |
| 4. | estación | solución | inyección | situación |

Now read the following words, phrases, and sentences after you hear the corresponding number. Repeat the correct pronunciation.

5. los ojos
6. las orejas
7. unas médicas españolas
8. unas soluciones científicas
9. No conozco a Luz Mendoza de Pérez.
10. Los zapatos de Celia son azules.

_____

*The Latin American variant of the [s] sound is used by most speakers in this Audio Program.

**C. Repaso.** You will hear a series of words spelled with **c** or **qu.** Each will be said twice. Circle the letter or letters used to spell each word. ¡OJO! Most of the words will be unfamiliar to you. Concentrate on the sounds you hear.

**1.** c   qu      **2.** c   qu      **3.** c   qu      **4.** c   qu      **5.** c   qu      **6.** c   qu

# Los hispanos hablan: ¿Practicas un deporte? ¿Por qué?

**Paso 1.** You will hear several Hispanic students tell about the sports they play and why. The first time you listen, write the name of the sport or sports played by each student. Then, listen again and jot down each person's reasons for choosing the sport. The following words appear in the passages.

| | | | |
|---|---|---|---|
| emocionante | *exciting* | habilidad y destreza | *ability and skill* |
| entretenido | *entertaining, fun* | mantenerse en forma | *to stay in shape* |
| que uno se engorde | *that one get fat* | | |

| | DEPORTE(S) | RAZÓN POR LA CUAL SE PRACTICA |
|---|---|---|
| Clara | | |
| Antonio | | |
| Gabriela | | |
| Patricia | | |
| Teresa | | |
| José | | |
| Xiomara | | |
| Erick | | |

**Paso 2.** Now pause and answer these questions, based on the chart. Check your answers to **Paso 1** in the Appendix before you begin **Paso 2.**

**1.** ¿Qué deporte es más popular entre los estudiantes que contestaron las preguntas?

_____

**2.** ¿Cuántas personas mencionaron entre sus razones la salud o los beneficios para el cuerpo?

_____

# Paso 2  Gramática

## 29. Narrating in the Past • Using the Preterite and the Imperfect

---

¡RECUERDE!

**A.  Formas.** Escriba la forma indicada del verbo en el imperfecto (I) y en el pretérito (P).

|  | I | P |
|---|---|---|
| 1.  **cuidarse** (nosotros) | _____ | _____ |
| 2.  **comer** (nosotros) | _____ | _____ |
| 3.  **hacer** (yo) | _____ | _____ |
| 4.  **ser** (tú) | _____ | _____ |
| 5.  **decir** (ellos) | _____ | _____ |
| 6.  **saber** (yo) | _____ | _____ |
| 7.  **jugar** (yo) | _____ | _____ |
| 8.  **ir** (él) | _____ | _____ |
| 9.  **poner** (Ud. ) | _____ | _____ |
| 10.  **venir** (tú) | _____ | _____ |

**B.  ¿Imperfecto (I) o pretérito (P)?**

1. _____ To talk about age (with **tener**) or to tell time in the past. (Gramática 26)

2. _____ To tell about a repeated habitual action in the past. (26)

3. _____ To narrate an action in progress in the past. (26)

4. _____ To describe an action that was completed or begun in the past. (22, 23, 24)

---

**A.  Un episodio de la niñez**

**Paso 1.**

1. Scan the first paragraph of the episode (in **Paso 2**) to decide if the verbs should be in the preterite or imperfect tense throughout. Because this is a description (it sets the scene) of the narrator's life when he or she was 12 years old, you will use the *preterite/imperfect* (select one).
2. The second paragraph, for the most part, tells what happened: The parents *traveled*, the children *stayed* with their grandmother, one sister *broke* her nose. You will use the *preterite/imperfect*.
3. The verb **ir** is used in the second paragraph as a description, not an action: Everything *was going well*. You will use the *preterite/imperfect* of **ir.**
4. In this paragraph, does **saber** mean *knew* or *found out*? Because the meaning is probably *found out*, you will use the *preterite/imperfect*.
5. Does **querer** mean *wanted to* or *tried*? Because the meaning is probably *wanted to*, you will use the *preterite/imperfect*.
6. **Asegurar** tells what the grandmother *did*, so you will use the *preterite/imperfect*. **Estar bien** describes how the narrator's sister was feeling, so you will use the *preterite/imperfect*.

**Paso 2.** Ahora complete las oraciones con la forma apropiada del pretérito o imperfecto de los verbos entre paréntesis.

Cuando yo _____¹ (**tener**) doce años, _____² (**vivir**) con mis dos

hermanas y mis padres en Fresno, donde yo _____³ (**asistir**) a una escuela

privada. Mi papá _____⁴ (**trabajar**) en el Banco de América y mi mamá

_____⁵ (**quedarse**) en casa.

Una vez, mis padres _____⁶ (**viajar**) a Europa. Mis hermanas y yo

_____⁷ (**quedarse**) con nuestra abuela. Todo _____⁸ (**ir**) bien

hasta que un sábado por la tarde mi hermana menor _____⁹ (**romperse**ᵃ) la nariz.

Cuando mis padres _____¹⁰ (**saber**) del accidente, _____¹¹

(*ellos:* **querer**) volver, pero mi abuela les _____¹² (**asegurar**ᵇ) que no era necesario

porque mi hermana _____¹³ (**estar**) bien.

ᵃ*to break* ᵇ*to assure*

---

**¡RECUERDE!**

**Más sobre el pretérito y el imperfecto.** Estudie los pares de oraciones.

| | |
|---|---|
| No **pudo** abrir la puerta. | *He couldn't open the door. (He tried and failed.)* |
| No **podía** abrir la puerta porque no tenía las llaves. | *He couldn't (was unable to) open the door because he didn't have the keys.* |
| No **quiso** ir. | *He refused to go (and didn't go).* |
| No **quería** ir. | *He didn't want to go (but may have gone).* |
| **Supe** del accidente ayer. | *I learned (found out) about the accident yesterday.* |
| **Sabía** del accidente. | *I knew about the accident.* |
| **Estuve** allí a las dos. | *I was (got) there at two.* |
| **Estaba** allí a las dos. | *I was (already) there at two.* |
| **Conocí** a tu hermana ayer. | *I met (became acquainted with) your sister yesterday.* |
| No la **conocía** antes. | *I didn't know her before.* |
| Anoche **tuvimos** que salir. | *Last night we had to go out (and did).* |
| Anoche **teníamos** que salir. | *Last night we had to go out. (We were supposed to go out, but there is no indication of whether we did.)* |
| Antonio **fue** a comprar aspirinas. | *Antonio went to buy aspirin.* |
| **Iba** a comprar leche también. | *He was going to buy milk too.* |

---

**B. ¿Pretérito o imperfecto?** Lea cada oración y subraye la forma que mejor completa cada oración.

1. Nosotros **supimos / sabíamos** que Francisco **tuvo / tenía** un accidente cuando nos lo contó Mario.
2. Carmela nos llamó para decirnos que no se **sintió / sentía** bien y que **fue / iba** a quedarse en casa.
3. Raúl no **pudo / podía** estudiar anoche porque se le apagaron las luces. Por eso, **fue / iba** a estudiar en la biblioteca donde afortunadamente (*fortunately*) había luz.
4. Yo no **pude / podía** salir anoche porque **tuve / tenía** fiebre.
5. Yo **estuve / estaba** en el consultorio del médico a las nueve en punto, pero él todavía no **estuvo / estaba** allí.
6. Le prometí al doctor que **fui / iba** a dejar de fumar... ¡y pronto!

**C. ¿Qué tenía el Sr. Correa?** Complete la narración con la forma apropiada del pretérito o imperfecto de los verbos entre paréntesis.

El lunes pasado, cuando _____<sup>1</sup> (**despertarse**) Jorge Correa,

_____<sup>2</sup> (**decir**) que no _____<sup>3</sup> (**sentirse**) bien. No

_____<sup>4</sup> (**poder**) dormir toda la noche y le _____<sup>5</sup> (**doler**) el

pecho.<sup>a</sup> Inmediatamente _____<sup>6</sup> (*él:* **hacer**) una cita<sup>b</sup> con el médico.

_____<sup>7</sup> (*Él:* **Estar**) muy nervioso porque _____<sup>8</sup> (**temer**<sup>c</sup>) algo

serio, como un ataque al corazón. El doctor lo _____<sup>9</sup> (**examinar**) y le

_____<sup>10</sup> (**decir**) que no _____<sup>11</sup> (**ser**) nada grave, que

solamente _____<sup>12</sup> (*él:* **estar**) muy cansado, que _____<sup>13</sup> (**deber**)

dormir más y comer mejor. El doctor le _____<sup>14</sup> (**dar**) unas vitaminas y pastillas

para dormir. Y cuando el Sr. Correa _____<sup>15</sup> (**llegar**) a casa, ya

_____<sup>16</sup> (**sentirse**) mucho mejor.

<sup>a</sup>*chest*  <sup>b</sup>*appointment*  <sup>c</sup>*to fear*

**D. Dictado: Minidiálogo: En el consultorio de la Dra. Méndez.** Lola and Manolo's daughter Marta is feeling ill, and Lola takes her to see Dra. Méndez. You will hear the conversation that takes place in the doctor's office. Listen carefully and write the missing words. Then you will hear a series of statements about the dialogue. Circle **C, F,** or **ND** (**No lo dice**).

DRA. MÉNDEZ: ¿Cuándo _____ a sentirse mal su hija?

LOLA: Ayer por la tarde. _____ congestionada,

_____ mucho y se _____ de

que le _____ el cuerpo y la cabeza.

DRA. MÉNDEZ: ¿Y le _____ algo de fiebre?

LOLA: Sí. Por la noche le _____ la temperatura

y _____ treinta y ocho grados.

DRA. MÉNDEZ: A ver… Tal vez necesito ponerle una inyección…

MARTA: Eh… bueno… ¡Creo que ahora me encuentro un poco mejor!

1. C F ND  2. C F ND  3. C F ND  4. C F ND

**E. ¿Un sábado típico?** You will hear a series of sentences that describe Carlos's usual Saturday routine. Form new sentences using the oral cues to talk about what he did *last* Saturday. Begin each sentence with **El sábado pasado…**

MODELO: (*you see and hear*) Todos los sábados, Carlos se despertaba a las siete.
(*you hear*) ocho → (*you say*) El sábado pasado, se despertó a las ocho.

1. Todos los sábados, iba al centro comercial.
2. Todos los sábados, tomaba té por la mañana.
3. Todos los sábados, visitaba a su madre.
4. Todos los sábados, se acostaba temprano.

**F. Descripción.** Tell what the following people were doing when you hear the corresponding number. Follow the model. You will hear a possible answer.

MODELO: *(you hear)* uno   *(you see)* **1.** cocinar / mientras / poner la mesa →
*(you say)* Luis cocinaba mientras Paula ponía la mesa.

**1.** cocinar / mientras / poner la mesa

**2.** leer / cuando / entrar

**3.** cantar / mientras / tocar el piano

**4.** llorar / mientras / ponerle una inyección

**5.** jugar / cuando / pegarle

---

## Nota comunicativa: Words and Expressions That Indicate the Use of the Preterite and Imperfect

**Una decisión difícil**

**Paso 1.** You will hear the following sentences about Laura's decision to leave her hometown. Then, when you hear the cue in parentheses, restate the sentences, changing the italicized verbs to the preterite or imperfect, as appropriate. In each case, you will insert the cue at the beginning of the sentence. In this exercise, you will practice narrating in the past.

MODELO: *(you see and hear)* *Vivimos* en un pequeño pueblo en las montañas.
*(you hear)* (de niños) →
*(you say)* De niños, vivíamos en un pequeño pueblo en las montañas.

1. Mi madre *trabaja* en una panadería (*bakery*).   (los martes y los jueves)
2. Mi padre *trabaja* en una tienda de comestibles (*food store*).   (todos los días)
3. *Vamos* a la ciudad y *compramos* cosas que no *podemos* encontrar en nuestro pueblo.   (con frecuencia)
4. *Consigo* trabajo permanente en la ciudad y *decido* dejar mi pueblo para siempre.   (un verano)
5. *Empiezo* a tomar clases de noche en la universidad y *dejo* mi puesto permanente por uno de tiempo parcial.   (al año siguiente)
6. Mis padres *están* tristes porque yo no *vivo* con ellos, pero ahora están contentos con mi decisión.   (antes)

**Paso 2.** Answer the questions you hear, based on the preceding story. Each question will be said twice.

1. ...   2. ...   3. ...   4. ...

# Paso 3 Gramática

 **30. Expressing *each other* • Reciprocal Actions with Reflexive Pronouns**

❖**A. Entre profesor y estudiantes.** ¿Entre quiénes ocurre lo siguiente, entre el profesor y los estudiantes, o entre los estudiantes solamente?

|  | ENTRE EL PROFESOR Y LOS ESTUDIANTES | ENTRE LOS ESTUDIANTES |
|---|:---:|:---:|
| 1. Se respetan mucho. | ☐ | ☐ |
| 2. Se escuchan con atención. | ☐ | ☐ |
| 3. Se ayudan con la tarea. | ☐ | ☐ |
| 4. Se ven en la cafetería. | ☐ | ☐ |
| 5. Se hablan por teléfono. | ☐ | ☐ |
| 6. Se escriben tarjetas postales. | ☐ | ☐ |
| 7. Se hablan en español. | ☐ | ☐ |

**B. ¿Qué hacen estas personas?** Exprese las acciones recíprocas que se ven en los dibujos con los verbos indicados.

MODELO: **1.**  querer (*to love*) → Kiki y Manuel se quieren.

    **1.** mirar _____

_____

**2.**

novios: besar (*to kiss*), abrazar (*to embrace*)

**3.**

conocer bien, escribir mucho, hablar con frecuencia

**4.**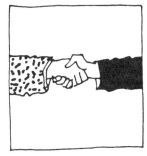

nosotros: dar la mano (*to shake hands*), saludar

**2.** _____

**3.** _____

_____

**4.** _____

❖**C. La reciprocidad.** Describa las acciones y sentimientos recíprocos entre Ud. y su mejor amigo/a. Use por lo menos cinco de los verbos de la siguiente lista.

MODELO:   Nos vemos por lo menos (*at least*) tres veces por semana.

| | | |
|---|---|---|
| admirar | hablar | querer |
| ayudar | llamar | respetar |
| escribir | prestar (ropa, dinero) | saludar |

_____

_____

_____

_____

**D. Minidiálogo: Rosa y Casandra.** You will hear a brief passage about Rosa and Casandra. Then you will hear a series of statements. Circle **C** if the statement is true or **F** if it is false. If the information in the statement is not contained in the passage, circle **ND** (**No lo dice**).

1. C   F   ND

2. C   F   ND

3. C   F   ND

4. C   F   ND

**E. Descripción: ¿Qué hacen estas personas?** Using the written cues, tell what the following pairs of people are doing when you hear the corresponding number. You will be describing reciprocal actions.

1. quererse mucho

2. escribirse con frecuencia

3. darse la mano (*to shake hands*)

4. hablarse por teléfono

# Un poco de todo

**A. Un caso de apendicitis.** Complete el diálogo entre Alicia y Lorenzo con verbos en el pretérito o el imperfecto o con otras palabras necesarias.

LORENZO:  ¿Y qué _____¹ (**ser**) lo más divertido de tu año en el Ecuador?

ALICIA:  No lo vas a creer, pero fue un ataque de apendicitis que _____² (**tener**)

en la primavera, la primera semana que _____³ (**estar**) allí.

LORENZO:  ¿Qué te pasó?

ALICIA:  Pues, cuando _____⁴ (**levantarme**) el lunes, me _____⁵

(**sentir**) un poco mal, pero no _____⁶ (**querer**) perder el tiempo en el

consultorio de un médico. Por la tarde, la temperatura _____⁷

(**ponerse**) muy alta y me _____⁸ (**doler**) el estómago. Esa noche

_____⁹ (**dormir**) muy mal y a la mañana siguiente

_____¹⁰ (**empezar**) a vomitar.

LORENZO:  ¿Por qué no _____¹¹ (**llamar**) a tus amigos, _____¹²

Sres. Durango?

ALICIA:  No los _____¹³ (**conocer**) todavía. Pero sí _____¹⁴

(**llamar**) _____¹⁵ la dependienta del hotel. Cuando me vio,

_____¹⁶ (**llamar**) una ambulancia y me _____¹⁷

(*ellos:* **llevar**) al hospital.

LORENZO:  Pues, no veo _____¹⁸ cómico de todo eso.

ALICIA:  Espera. Por fin me operaron, y cuando me _____¹⁹ (**despertar**) de la

operación, repetía constantemente en español, «No puedo hablar español... » Por lo

visto,ᵃ _____²⁰ único que me preocupaba era _____²¹

español, pues no lo _____²² (**hablar**) bien en aquel entonces. Las

enfermeras y _____²³ doctor Castillo se rieron mucho...

ᵃPor... *Apparently*

**B. Cuando me levanté...** Cambie la narración del presente al pasado. Use el pretérito o el imperfecto.

Yo casi nunca me *enfermo:*[1] me *cuido*[2]

bastante, *como*[3] bien, *hago*[4] ejercicio,

*duermo*[5] lo suficiente; en fin, *llevo*[6] una vida sana.

    Pero ese día al despertarme[a] me *siento*[7]

mareado. Me *duelen*[8] la cabeza y la

garganta; me *duele*[9] todo el cuerpo. No *quiero*[10] faltar

a clases, pero *decido*[11] quedarme en la cama. *Miro*[12]

el reloj y *veo*[13] que *son*[14] casi las ocho.

    *Llamo*[15] a mi amigo Enrique (que siempre *viene*[16]

a buscarme en su coche) y le *digo*[17] que no *voy*[18] a

ir a la universidad. *Tomo*[19] dos aspirinas y

me *acuesto*[20] otra vez.

1. _____    2. _____
3. _____    4. _____
5. _____    6. _____
7. _____
8. _____
9. _____    10. _____
11. _____    12. _____
13. _____    14. _____
15. _____    16. _____
17. _____    18. _____
19. _____
20. _____

[a]*al... upon waking up*

**C. ¿Qué estaban haciendo estas personas cuando... ?** Conteste la pregunta con los verbos indicados, usando el pasado del progresivo del primer verbo y el pretérito del segundo.

MODELO: llorar / encontrarlos → Los niños *estaban llorando* cuando su madre los encontró.

1.

pegarse / verlos _____

_____

_____

2. Graciela

dormir / sonar (*to ring*) _____

_____

_____

3.     yo     Raúl

despedirme / entrar _____

_____

_____

# Paso 4 Un paso más

## 🎧 Videoteca*

**Entrevista cultural: Venezuela**

You will hear an interview with Sabina García. After listening, pause and circle **C** if the statement is true or **F** if the statement is false. First, pause and read the statements.

1. C   F   Sabina es profesora de relaciones internacionales.

2. C   F   Ella piensa que las relaciones internacionales son muy importantes.

3. C   F   Ella cuida su salud.

4. C   F   Sabina va al gimnasio frecuentemente.

5. C   F   El objeto que trae Sabina es algo relacionado con la comida de su país.

Now resume listening.

**Entre amigos: ¡Yo sí hago ejercicio!**

**Paso 1.** The four students answer questions about their health. Listen carefully to the first question, then pause and jot down notes about their responses. The names are listed in the order in which the question is answered. Check your answers in the Appendix.

1. Karina: _____

2. Rubén: _____

3. Tané: _____

4. Miguel René: _____

Now resume listening.

**Paso 2.** Complete the following chart based on the responses to the last question. The names are listed in the order in which the question is answered. Check your answers in the Appendix.

| | ¿CUÁNDO SE ENFERMÓ? | ¿QUÉ TUVO? | ¿QUÉ LE RECOMENDÓ EL DOCTOR? |
|---|---|---|---|
| **1.** Rubén | Hace ___ meses.† | | |
| **2.** Tané | Hace ___ meses. | | |
| **3.** Miguel René | A los ___ años. | | |
| **4.** Karina | Hace ___ meses. | | |

---

*These **Videoteca** videoclips are available on the Video on CD to accompany *¿Qué tal?*, Seventh Edition.
†*Hace...* ___ *months ago.*

# Enfoque cultural: Venezuela

**A. Oraciones.** Complete las oraciones con la información apropiada, usando una palabra o frase corta.

1. Simón Bolívar nació el _____ (día y mes).

2. Bolívar fue influenciado por las ideas del escritor francés _____.

3. También tuvieron influencia en Bolívar las luchas por la independencia de

   _____.

4. A Simón Bolívar lo llaman «_____».

**B. Preguntas.** Conteste brevemente.

1. ¿Cómo es el clima en Venezuela? _____

2. ¿Por qué es famosa la catarata (*waterfall*) Salto Ángel? _____

3. ¿Dónde hay hermosas playas en Venezuela? _____

# ¡Repasemos!

**A. La salud y el ejercicio.** Lea Ud. esta adaptación de un artículo de una revista y conteste las preguntas. Trate de adivinar (*Try to guess*) el significado de las palabras indicadas con letras cursivas (*italics*).

### La salud física y el ejercicio en familia

La reputación sobre la buena salud física de los californianos sufrió un duro golpe[a] cuando los estudiantes de las escuelas de San Francisco no pasaron la primera *prueba* nacional estandarizada de salud física. El examen medía[b] sus *habilidades* en ejercicios tan simples como hacer *flexiones*, sentadillas[c] y correr. La mitad[d] de los estudiantes examinados en este estado fallaron[e] en la carrera[f] de una milla.

Según el Departamento de Salud, más del 40 por ciento de los niños entre cinco y ocho años muestran factores de *riesgo* de ataques cardíacos. Una *encuesta* de la Universidad de California encontró que por lo menos una tercera parte de los niños sufren de sobrepeso.[g]

Una forma de sacar a los niños del sofá y hacerlos *competir* es hacer de los deportes un esfuerzo[h] familiar... Los padres aprenden a trabajar con sus hijos, les ofrecen *camaradería* y al mismo tiempo queman[i] calorías...

[a]*blow* [b]*measured* [c]*sit-ups* [d]*50%* [e]no pudieron terminar [f]*race* [g]*being overweight* [h]*effort* [i]*they burn*

## Comprensión

1. ¿Qué descubrieron cuando los estudiantes de San Francisco tomaron un examen de salud física?

   _____

2. ¿Qué riesgo corre el 40 por ciento de los niños de cinco a ocho años?

   _____

3. ¿De qué sufre una tercera parte de los niños examinados?

   _____

4. ¿Qué beneficios reciben los padres cuando practican deportes con sus hijos?

   _____

   _____

**B.** *Listening Passage:* **El sistema médico en los países hispánicos**

**Antes de escuchar.** Pause and do the following prelistening exercise. Read the following statements about medical systems. Check those that you think apply only to the United States.

1. ☐ El sistema médico está controlado por el gobierno (*government*).

2. ☐ Hay una gran cantidad de compañías de seguro (*insurance companies*).

3. ☐ Hay menos compañías de seguro.

4. ☐ Cada persona paga los gastos médicos de acuerdo con (*according to*) su salario y no de acuerdo con el tipo de seguro que tiene.

5. ☐ Cualquier (*Any*) persona tiene derecho (*right*) al mejor tratamiento médico posible.

6. ☐ Hay muchas personas que no tienen acceso al tratamiento médico, ya sea (*be it*) por falta de dinero o porque no tienen seguro.

7. ☐ A veces, es necesario esperar mucho tiempo para ver al médico.

8. ☐ A veces hay mucha demanda, pero hay pocos servicios y personal disponibles (*available personnel*).

Now resume listening.

**Listening Passage.** Now you will hear a passage about the medical systems in most of the Hispanic world. The following words and phrases appear in the passage.

| | |
|---|---|
| proveen | *they provide* |
| la cobertura | *coverage* |
| innegables | *undeniable* |
| la capacidad económica | *economic ability (to pay)* |
| el impuesto | *tax* |
| imprescindible | *indispensable* |
| tiende a disminuir | *tends to diminish or reduce* |
| el quebradero de cabeza | *problem, something that requires great thought* |

**Después de escuchar.** Indicate whether the following statements are true or false, according to the passage. Correct the false statements.

1. C F El sistema médico más común en los países hispanos es el privado.

2. C F El gobierno controla el sistema médico en los Estados Unidos.

3. C F En un sistema de medicina socializada, todos tienen derecho a recibir tratamiento médico.

4. C F Una desventaja de la medicina socializada, especialmente en países menos ricos, es que a veces no hay suficientes servicios médicos o suficientes doctores.

5. C F El sistema de medicina socializada no diferencia entre los que pagan más y los que pagan menos.

Now resume listening.

**C. Entrevista.** You will hear a series of questions. Each will be said twice. Answer, based on your own experience. Pause and write the answers.

*Hablando de la última vez que estuviste enfermo o enferma*

1. _____

2. _____

3. _____

*Hablando de la salud en general*

4. _____

5. _____

6. _____

## ❖■ Mi diario

Escriba sobre la última vez que Ud. se resfrió. Mencione lo siguiente:

- cuándo ocurrió
- los síntomas que tenía
- lo que hizo para mejorarse
- cuánto tiempo duró (*lasted*) el resfriado

Si Ud. no se ha resfriado nunca (*If you've never had a cold*), explique este fenómeno en su diario y además diga lo que Ud. hace para mantenerse tan sano/a.

# Póngase a prueba

## ■ A ver si sabe...

**A. Using the Preterite and the Imperfect.** ¿Pretérito (**P**) o imperfecto (**I**)?

1. _____ para hablar de una acción habitual o repetida (*repeated*) en el pasado

2. _____ para hablar de una acción que empieza o termina en el pasado

3. _____ para dar una descripción

4. _____ para dar la hora en el pasado o hablar de la edad con **tener** en el pasado

5. _____ para hablar de una acción en progreso en el pasado

**B. Reciprocal Actions with Reflexive Pronouns.** Combine las dos oraciones, usando el pronombre reflexivo para indicar que es una acción recíproca.

1. Mi novio/a me quiere. Yo quiero a mi novio/a.

   _____

2. Mi mejor amigo me conoce bien. Yo conozco bien a mi mejor amigo.

   _____

3. Marta llama a sus padres todos los domingos. Sus padres llaman a Marta todos los domingos.

   _____

**Prueba corta**

**A. Mi primer trabajo.** Complete las oraciones con la forma correcta del pretérito o del imperfecto del verbo entre paréntesis, según el contexto.

Cuando yo _____¹ (**ser**) niño, no _____² (*yo:* **tener**) que trabajar

porque mis padres _____³ (**pagar**) todos mis gastos.ᵃ Una vez, el dueño de un

restaurante me _____⁴ (**preguntar**) si yo _____⁵ (**querer**) ayu-

darlo los fines de semana, pero yo no _____⁶ (**poder**) hacerlo porque mis padres

no _____⁷ (**darme**) permiso.ᵇ Ellos _____⁸ (**creer**) que yo

_____⁹ (**ser**) muy joven para trabajar. Más tarde, cuando _____¹⁰

(*yo:* **tener**) 15 años, _____¹¹ (**conseguir**) un empleo y finalmente

_____¹² (*yo:* **empezar**) a ganar mi propioᶜ dinero. Al principio,

_____¹³ (**gastar**) todo el dinero, pero después de dos meses,

_____¹⁴ (**abrir**) una cuenta de ahorrosᵈ porque _____¹⁵ (**decidir**)

ahorrarᵉ mi dinero para comprar un coche.

ᵃ*expenses* ᵇ*permission* ᶜ*own* ᵈcuenta... *savings account* ᵉ*to save*

**B. ¿Qué se hacen?** Complete cada oración con la forma apropiada del presente del verbo entre paréntesis, indicando que la acción es recíproca.

1. En España, cuando los amigos _____ (**despedir**), generalmente

   _____ (**dar**) la mano (*they shake hands*).

2. Muchos padres e hijos _____ (**hablar**) por teléfono cuando viven lejos.

3. Las relaciones siempre son mejores entre los jefes y los empleados cuando

   _____ (**respetar**).

4. Tradicionalmente, los novios no _____ (**ver**) antes de la ceremonia de la boda (*wedding*).

5. Los buenos amigos _____ (**ayudar**) frecuentemente.

**C. Consejos para la buena salud.** Imagine that you are a doctor and that you are giving advice to one of your patients. Use formal commands based on the oral cues.

> MODELO: (*you hear*) hacer ejercicios aeróbicos → (*you say*) Haga ejercicios aeróbicos.

**1.** … **2.** … **3.** … **4.** … **5.** …

**D. Cosas de todos los días: Una enfermedad muy grave.** Practice talking about an event that took place in the past, using the written cues. When you hear the corresponding number, form sentences using the words provided in the order given, making any necessary changes or additions. You will hear the correct answer. ¡OJO! You will be using the preterite or the imperfect forms of the verbs.

> MODELO: (*you see*) **1.** el mes pasado / (yo) / enfermarse / gravemente (*you hear*) uno →
> (*you say*) El mes pasado *me enfermé* gravemente.

2. estar / en el trabajo / cuando / de repente / (yo) / sentirse muy mal
3. estar / mareado / y / tener / fiebre / muy alta
4. mi jefe (*boss*) / llamar / hospital / inmediatamente
5. ambulancia / llevarme / en seguida / sala de emergencia
6. enfermero / tomarme / temperatura / cuando / entrar / médica
7. tener que / pasar / cuatro días / en el hospital

CAPÍTULO **11**

# Paso 1 Vocabulario

## Las presiones de la vida estudiantil

❖**A. Reacciones.** ¿Cómo reacciona Ud. en estas circunstancias?

1. Son las seis de la mañana y suena el despertador.

   **a.** ☐ Me levanto en seguida (*right away*).

   **b.** ☐ Lo apago (*I turn it off*) y vuelvo a dormirme.

   **c.** ☐ Lo apago y me quedo unos minutos en la cama.

2. Cuando tiene una fecha límite para entregar un trabajo, ¿qué hace Ud.?

   **a.** ☐ Casi siempre lo entrego a tiempo.

   **b.** ☐ Muchas veces le doy excusas al profesor / a la profesora y se lo entrego tarde.

   **c.** ☐ Muchas veces no le hago caso (*pay attention*) al asunto (*matter*).

3. Hoy el profesor nos da una prueba. Ud. tiene prisa, pero no encuentra estacionamiento.

   **a.** ☐ Me estaciono en un lugar prohibido.

   **b.** ☐ Vuelvo a casa y al día siguiente le digo al profesor que estaba enfermo/a.

   **c.** ☐ Espero hasta que alguien se vaya y entro tarde a clase, pidiéndole disculpas al profesor.

4. Ud. sacó una mala nota en el primer examen de la clase de antropología.

   **a.** ☐ Dejo la clase.

   **b.** ☐ Me pongo a estudiar más.

   **c.** ☐ Le hablo al profesor, diciéndole que estoy sufriendo muchas presiones este semestre.

5. Sus amigos acaban de decirle que su profesor(a) es el/la más difícil del departamento.

   **a.** ☐ Me quejo como todos mis amigos, pero me quedo en la clase.

   **b.** ☐ Cambio de clase.

   **c.** ☐ Voy a su oficina y le pido que sea más flexible.

❖B.  **En la escuela secundaria y ahora.** Conteste las preguntas comparando su vida de antes con su vida universitaria.

1.  En la escuela secundaria, ¿en qué clases sacaba Ud. buenas calificaciones?

    _____

2.  ¿Con frecuencia excedía (*did you exceed*) la fecha límite para entregar un trabajo o siempre lo entregaba a tiempo?

    _____

3.  ¿Sufría más o menos presiones que ahora? ¿Por qué?

    _____

4.  ¿Trabajaba Ud. de tiempo completo o parcial? ¿Y ahora?

    _____

5.  Al graduarse (*Upon graduating*), ¿recibió Ud. una beca (*scholarship*) por sus buenas calificaciones o por su excelencia en deportes? ¿Sigue recibiéndola?

    _____

# ¡La profesora Martínez se levantó con el pie izquierdo!

❖A.  **Reacciones.** ¿Cómo reacciona Ud. en las siguientes situaciones?

1.  Le duele muchísimo la cabeza.

    a.  ☐ Tomo dos aspirinas en seguida.

    b.  ☐ No tomo nada y espero que el dolor pase pronto.

    c.  ☐ No hago nada porque nunca me duele la cabeza.

2.  Un amigo rompe su florero (*vase*) favorito. Ud. le dice:

    a.  ☐ —¡Qué (*How*) torpe eres!

    b.  ☐ —No te preocupes (*Don't worry*). Yo sé que fue sin querer.

    c.  ☐ No le digo nada, pero la próxima vez que este amigo viene a mi casa, guardo en un armario todos mis objetos de valor.

3.  Un amigo lo/la llama para preguntarle por qué no fue Ud. a la cita (*date*) que tenía con él. Ud. le dice:

    a.  ☐ —Lo siento. De veras (*Really*) no me acordé.

    b.  ☐ —¡Hombre! No es para tanto (*such a big deal*).

    c.  ☐ —¡Qué distraído/a soy! ¿No era para hoy?

4.  Ud. se olvida del nombre de una persona en una fiesta.

    a.  ☐ Le sonrío, pero no le digo nada.

    b.  ☐ Le doy la mano y le confieso que no recuerdo su nombre.

    c.  ☐ Le pido a un amigo que me diga el nombre de esa persona.

❖**B. ¿Es Ud. así?** Indique si las siguientes declaraciones son ciertas o falsas para Ud.

1. C F  Una vez no me acordé de poner el despertador y llegué tarde a un examen.
2. C F  Casi nunca me equivoco cuando marco (*I dial*) un número de teléfono.
3. C F  Una vez le pegué a alguien con un objeto, y se enojó conmigo.
4. C F  Si recojo a mis amigos en mi auto, ellos me ayudan a pagar la gasolina.
5. C F  No sufro muchas presiones este semestre porque tengo un horario fácil.
6. C F  A veces pierdo las llaves de mi coche.

**C. ¡Pobre Pedro!** Exprese en español las palabras o expresiones en inglés. Pedro Peralta, un joven algo distraído, va a ver al doctor después de un accidente.

PEDRO: Doctor, ¡qué _____¹ (*clumsy*) soy! Esta mañana _____²

(*I fell*) en la calle y creo que _____³ (*I injured*) el pie. Me

_____⁴ (*hurts*) mucho.

DOCTOR: Vamos a ver... Parece que no es nada serio.

PEDRO: ¿Seguro que _____⁵ (*you're not wrong*) Ud.? Creo que me

_____⁶ (*I broke*) algo. Me duele la pierna.

DOCTOR: Nada de eso... Tome dos _____⁷ (*aspirin*) cada cuatro horas; vuelva a verme

en dos días si no _____⁸ (*feel*) mejor. Ah, y quédese en casa mañana.

PEDRO: ¡_____!⁹ (*What bad luck!*) Ahora _____¹⁰
(*I remember*) que mañana es la fiesta anual de la oficina.

**D. Más partes del cuerpo.** Identifique las partes del cuerpo indicadas.

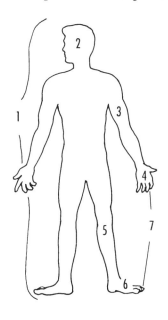

1. _____
2. _____
3. _____
4. _____
5. _____
6. _____
7. _____

**E. Descripción: ¡Qué día más terrible!** You will hear a series of sentences. Each will be said twice. Write the letter of each sentence next to the appropriate drawing. First, pause and look at the drawings.

1. _____

2. _____

3. _____

4. _____

5. _____

**F. Presiones de los estudios.** Imagine that you have been under a lot of pressure at school and it is affecting your judgment as well as other aspects of your life. Describe what has happened to you, using the oral and written cues.

MODELO: (*you hear*) no pagar (*you see*) mis cuentas → (*you say*) No pagué mis cuentas.

1. el informe escrito
2. las escaleras
3. el escritorio

4. la pierna
5. un examen

# Nota comunicativa: More on Adverbs

**A. Adjetivos → adverbios.** Convierta los adjetivos en adverbios.

1. fácil _____

2. inmediato _____

3. impaciente _____

4. lógico _____

5. total _____

6. directo _____

7. aproximado _____

8. furioso _____

**B. Más adverbios.** Complete las oraciones con adverbios derivados de los siguientes adjetivos.

   aproximado   final   posible   sincero   solo   tranquilo

1. Después de jugar todo el día, los niños están durmiendo _____.

2. Después de esperar casi una hora, _____ vamos a subir al avión.

3. No sé cuándo llegan mis amigos. _____ mañana.

4. Creo que son _____ las dos y media.

5. Te digo _____ que no me gusta esa clase.

6. Juan tiene cien pesos, pero yo tengo _____ cincuenta.

**C. Preguntas personales.** You will hear a series of questions about how you do certain things. Answer, using the written cues or your own information. You will hear a possible answer. First, listen to the cues.

| hablar español | hacer cola | salir con mis amigos |
| jugar al béisbol | escuchar el estéreo | limpiar la estufa |
| faltar a clase | tocar el piano | |

1.  ...   2.  ...   3.  ...   4.  ...

# Pronunciación y ortografía: *ñ* and *ch*

**A. La letra *ñ*: Repeticiones.** The pronunciation of the letter **ñ** is similar to the sound [ny] in the English words *canyon* and *union*. However, in Spanish it is pronounced as one single sound.

Repeat the following words, imitating the speaker.

1. cana / caña   sonar / soñar   mono / moño   tino / tiño   cena / seña
2. año   señora   cañón   español   pequeña   compañero

Now read the following sentences when you hear the corresponding number. Repeat the correct pronunciation.

3. El señor Muñoz es de España.
4. Los niños pequeños no enseñan español.
5. La señorita Ordóñez tiene veinte años.
6. El cumpleaños de la señora Yáñez es mañana.

**B. A escoger.** You will hear a series of words. Each will be said twice. Circle the letter of the word you hear.

1. **a.** pena    **b.** peña        4. **a.** suena    **b.** sueña
2. **a.** una     **b.** uña         5. **a.** mono     **b.** moño
3. **a.** lena    **b.** leña

**C. El sonido *ch*: Repeticiones.** In Spanish, when the letters **c** and **h** are combined, they are pronounced like the English *ch* in *church*. Read the following words when you hear the corresponding number, then repeat the correct pronunciation.

1. mucho
2. muchacho
3. Conchita
4. Chile
5. mochila
6. hache

**D. Dictado.** You will hear five sentences. Each will be said twice. Write what you hear.

1. _____

2. _____

3. _____

4. _____

5. _____

## Los hispanos hablan: Describe una superstición común en tu país.

You will hear three Hispanic students tell about common superstitions in their respective countries. Take notes as you listen, if you wish. Then check the statements that are true, based on what you heard. The following words appear in the students' answers.

| | |
|---|---|
| evitan | *avoid* |
| la escalera | *ladder* |
| la maldición | *curse* |
| derramar | *to spill* |
| campanadas | *tolls (of a bell)* |

Apuntes

_____

_____

_____

_____

_____

1. ☐ En los tres países, el gato juega un papel (*plays a role*) en las supersticiones.

2. ☐ En Colombia, es buena suerte derramar sal para el Año Nuevo.

3. ☐ El martes trece es un día de mala suerte en uno de los países mencionados.

4. ☐ Muchas de estas supersticiones son semejantes (*similar*) a las supersticiones estadounidenses.

# Paso 2 Gramática

## 31. Expressing Unplanned or Unexpected Events • Another Use of *se*

**A. ¡Problemas, problemas!** Empareje las situaciones con las explicaciones.

1. _____ Necesito comprarme otras gafas porque...
2. _____ Tengo que volver a casa porque...
3. _____ Necesito hablar con un policía porque...
4. _____ Tengo que ir a la tienda porque...
5. _____ Rompí la ventana del coche porque...

a. se me perdió la bolsa con doscientos dólares adentro.
b. se me rompieron las (*those*) que tenía.
c. se me acabó el papel.
d. se me olvidó la cartera.
e. se me quedaron las llaves adentro.

**B. Accidentes.** Describa lo que les pasó a estas personas, seleccionando los verbos apropiados.

1.

Al pasajero se le **olvidó / olvidaron** las maletas.

2.

A la camarera se le **cayó / cayeron** un vaso de vino.

3.

A la mujer se le **acabó / acabaron** la leche.

4.

Al hombre se le **rompió / rompieron** las gafas.

**❖C. Cosas inesperadas** (*unexpected*). Describa lo que le pasó una vez. Después indique las consecuencias.

MODELO: Una vez se me (olvidó) / olvidaron guardar un trabajo en la computadora y lo perdí todo.

Una vez se me...

1. **cayó / cayeron** _____
2. **olvidó / olvidaron** _____
3. **rompió / rompieron** _____
4. **quedó / quedaron** en casa _____

**D. Conversación.** Ud. y su amigo tienen problemas en entenderse. Tiene que repetir la información. Conteste las preguntas según la información dada.

MODELO: A Marta se le olvidaron los boletos en casa.
   a. ¿Qué se le olvidó a Marta? → Se le olvidaron los boletos.
   b. ¿Se le olvidó la cartera? → No, se le olvidaron los boletos.
   c. ¿A quién se le olvidaron los boletos? → Se le olvidaron a Marta.

1. A Pablo se le quedó el libro en casa.

   a. ¿Dónde se le quedó el libro? _____

   b. ¿Se le quedaron los papeles en casa? _____

   c. ¿Se te quedó el libro a ti en casa? _____

2. Se me olvidaron los papeles en la biblioteca.

   a. ¿Qué se te olvidó? _____

   b. ¿Dónde se te olvidaron? _____

   c. ¿Se te olvidó la tarjeta en la biblioteca? _____

3. A Carla se le perdió el paraguas (*umbrella*) ayer en el cine.

   a. ¿Qué se le perdió? _____

   b. ¿Cuándo se le perdió? _____

   c. ¿Dónde se le perdió? _____

   d. ¿A quién se le perdió el paraguas? _____

❖**E. Encuesta: ¿Cómo era Ud. en la escuela primaria?** You will hear a series of questions about what you were like when you were in grade school. For each question, check the appropriate answer. No answers will be given. The answers you choose should be correct for you!

| | | | | | | | | |
|---|---|---|---|---|---|---|---|---|
| 1. | ☐ Sí ☐ No | | 3. | ☐ Sí ☐ No | | 5. | ☐ Sí ☐ No |
| 2. | ☐ Sí ☐ No | | 4. | ☐ Sí ☐ No | | 6. | ☐ Sí ☐ No |

**F. ¡Qué distraído!** You will hear a description of Luis, followed by a series of statements about what he forgot to do this morning. Place the number of each statement next to its logical result. First, listen to the results.

   a. _____ Va a llegar tarde al trabajo.

   b. _____ No va a poder arrancar (*start*) el coche.

   c. _____ Es posible que se le queme (*burn down*) el apartamento.

   d. _____ Le van a robar la computadora.

   e. _____ Lo van a echar (*evict*) de su apartamento.

**G. Dictado.** You will hear the following sentences. Each will be said twice. Listen carefully and write the missing words.

1. A ellos _____ _____ _____ el número de teléfono de Beatriz.

2. A Juan _____ _____ _____ las gafas.

3. Durante nuestro último viaje _____ _____ _____ el equipaje en la estación del tren.

4. A los niños _____ _____ _____ los juguetes (*toys*).

# Paso 3  Gramática

## 32.  ¿*Por* o *para*?  •  A Summary of Their Uses

**A.  Expresiones con *por*.** Complete las oraciones con **por** o con una expresión o frase con **por**.

1.  ¡_____ _____! ¡No debes manejar (*drive*) tan rápidamente _____ esta calle!

2.  ¿Dónde está Inés? No está en la clase _____ _____ vez este semestre.

3.  Elena no se cuida mucho; _____ _____ se enferma frecuentemente. Debe comer más frutas y verduras ricas en vitamina C como, _____ _____, naranjas y pimientos (*peppers*).

4.  Creo que tenemos bastante leche en casa, pero voy a comprar otra botella, _____

    _____ _____.

5.  _____ _____ _____ las madres recogen a sus niños en la escuela.

6.  Tu hija no debe caminar sola _____ ese parque; es peligroso.

7.  Necesito _____ _____ _____ treinta dólares para pagar esta receta para antibióticos.

8.  Carmen está muy contenta _____ los resultados del examen. ¡_____

    _____ recibió una «A»!

**B.  Un viaje a España.** Exprese en español las siguientes oraciones. Use **por** o expresiones con **por**.

1.  My brother and I went to Europe for the first time in the summer of 1992. _____

    _____

2.  We visited Spain for (*because of*) the Olympics (**las Olimpíadas**). _____

    _____

3.  We traveled from Los Angeles to Barcelona by plane. _____

    _____

4.  We went through New York. _____

5.  We spent (**pasar**) at least thirteen hours in the plane. _____

    _____

**C.  La maravillosa María Rosa.** Dos hermanos hablan de la visita de una amiga de la familia. Complete el diálogo usando **para**, según las indicaciones.

   MODELO:  ¿Cuándo necesita papá el coche? (jueves) → Lo necesita para el jueves.

1.  ¿Para qué lo necesita él? (ir a recoger a María Rosa) _____

    _____

2.  ¿Para qué viene a Reno ahora? (esquiar) _____

3. ¿Para quién son esos esquís? ¿para mí? (no, ella) _____

4. ¿Es verdad que ella sólo tiene 17 años y ya está en la universidad? (sí, lista, edad [*age*])

   _____

5. ¿Qué carrera estudia ella en la universidad? (sicóloga) _____

   _____

6. ¿Trabaja también? (sí, compañía de teléfonos) _____

   _____

D. **Viajando por Europa.** Complete las oraciones con **por** o **para.**

Los esposos García fueron a Madrid _____¹ avión y se quedaron allí _____² un mes.

Antes de llegar a Madrid pasaron _____³ Portugal y después fueron a Italia _____⁴

ver a su hija Cecilia. La chica estudia _____⁵ actriz y _____⁶ las noches trabaja

_____⁷ el Cine Paradiso. Dicen que la muchacha va a pasar sus vacaciones en Francia. Viaja

mucho _____⁸ ser tan joven.

En Italia los García manejaronª un pequeño coche Fiat _____⁹ varias ciudades de la

costa _____¹⁰ no gastar mucho dinero en trenes o aviones. El papá de Cecilia le mandó

dinero a ella _____¹¹ pagar el alquiler, pero ella lo gastó en regalos _____¹² su familia.

Sus padres no estuvieron muy contentos _____¹³ lo que hizo con el dinero.

ª*drove*

E. **¿Para qué están Uds. aquí?** Using the oral and written cues, tell why the people mentioned are in the locations you hear. Each question will be said twice. First, listen to the list of reasons.

| | |
|---|---|
| celebrar nuestro aniversario | hacer reservaciones para un viaje a Acapulco |
| descansar y divertirse | preparar la comida |
| hablar con el médico | |

MODELO: (*you see*) Armando: Está allí… (*you hear*) ¿Para qué está Armando en la cocina? →
(*you say*) Está allí para preparar la comida.

1. Diana: Está allí…
2. el Sr. Guerra: Está allí…
3. mi esposo/a y yo: Estamos aquí…
4. la familia Aragón: Está allí…

F. **La vida diaria.** You will hear the following sentences followed by an oral cue. Extend each sentence, using **por** or **para,** as appropriate.

MODELO: (*you see and hear*) Tengo que mandar los cheques. (*you hear*) el miércoles →
(*you say*) Tengo que mandar los cheques para el miércoles.

1. Salen el próximo mes.
2. Fueron al cine.
3. Estuvo en Honduras.
4. Habla muy bien el inglés.
5. A las ocho vamos a salir.
6. Vendieron su coche viejo.

**G. ¿Qué hacen estas personas?** Using **por,** tell what the following people are doing when you hear the corresponding number.

> MODELO: (*you hear*) uno   (*you see*) **1.**   hablar / teléfono →
> (*you say*) Marcos habla por teléfono.

**1.**  hablar / teléfono

**2.**  viajar / barco

**3.**  caminar / playa

**4.**  correr / parque

**5.**  pagar / 15 dólares / bolígrafos

**6.**  nadar / mañana

## Un poco de todo

 **A. Situaciones delicadas.** You will hear four situations. Choose the best response to each.

1. **a.** ¡Ay, me hice daño en la mano!
   **b.** ¡Qué mala suerte, Sr. Ramos! ¿Tiene otro vaso?
   **c.** Lo siento muchísimo, Sr. Ramos. Fue sin querer. ¿Puedo comprarle otro?
2. **a.** No me importa que no te guste el menú. Vamos a comer aquí.
   **b.** Lo siento mucho, pero pensé que te gustaría este restaurante. ¿Quieres ir a otro?
   **c.** Bueno, yo me quedo aquí, pero si tú quieres irte (*to leave*) a mí no me importa.
3. **a.** Lo siento, viejo, pero no tengo ganas de trabajar más hoy.
   **b.** Bueno, si Ud. insiste, me quedo a trabajar.
   **c.** Solamente voy a trabajar tarde si me da un aumento de sueldo.
4. **a.** No se preocupe. Estoy bien.
   **b.** Mire, señor, si sus niños no dejan de hacer tanto ruido, voy a llamar a la policía.
   **c.** Por favor, señor, dígales a sus niños que no hagan tanto ruido... ¡Tengo un dolor de cabeza tremendo!

**B. Un perrito perdido** (*lost puppy*). Complete el diálogo entre Ricardo y su amiga Patricia con las palabras necesarias. Use la forma apropiada de los verbos indicados: presente o pretérito, según el significado.

RICARDO: Acabo de ver _____¹ tu hermano Tito y _____² (**estar**) muy

triste. ¿Qué _____³ pasa?

PATRICIA: Se le _____⁴ (**perder**) el perrito que (nosotros) le _____⁵

(dar) para _____⁶ cumpleaños.

RICARDO: ¡Pobrecito! ¿Cuándo lo _____⁷ (*él:* **saber**)?

PATRICIA: Anteayer.ª Parece que el perro _____⁸ (**escaparse**) del patio y cuando Tito

_____⁹ (**despertarse**) el perrito ya no estaba allí. Tito _____¹⁰

(**vestirse**) y _____¹¹ (**salir**) a buscarlo, pero no lo _____¹²

(**encontrar**).

RICARDO: Hace tres semanasᵇ el perro _____¹³ (**hacer**) lo mismo, ¿no? ¿Cómo

_____¹⁴ (**poder**) escaparse esta vez?

PATRICIA: Parece que Tito _____¹⁵ (**olvidarse**) de cerrar bien la puerta del corralᶜ y

el perro se escapó _____¹⁶ (**por / para**) allí. Tito _____¹⁷

(sentirse) tan preocupado toda la noche que no _____¹⁸ (**dormir**) nada.

RICARDO: Si no lo encuentran, cómprenle otro _____¹⁹ (**por / para**) la Navidad.

PATRICIA: ¡Ay, Ricardo! ¡Qué buena idea!

ª*The day before yesterday.*   ᵇ*Hace… Three weeks ago*   ᶜ*yard*

**C. Accidentes.** Complete la descripción de las siguientes situaciones. Use el imperfecto y el pretérito de los verbos.

1. ayer **/** mientras **/** (yo) pelar (*to peel*) **/** patatas, **/** cortarme **/** y **/** lastimarme **/** dedo

   _____

   _____

2. cuando **/** (yo) sacar **/** mi **/** coche **/** garaje, **/** chocar (*to bump*) **/** con **/** coche **/** papá

   _____

   _____

3. cuando **/** mesero **/** traer **/** vino, **/** caérsele **/** vasos

   _____

   _____

4. mientras **/** Julia **/** esquiar, **/** caerse **/** y **/** romperse **/** brazo

   _____

   _____

# Paso 4 Un paso más

## Videoteca*

**Entrevista cultural: Puerto Rico**

You will hear an interview with Antonio Carlos Solórzano. After listening, pause and circle **C** if the statement is true or **F** if the statement is false. First, pause and read the statements.

1. C  F  Antonio es de Río Piedras.

2. C  F  Antonio es estudiante y también trabaja.

3. C  F  Antonio no sufre de estrés en su vida.

4. C  F  Para aliviar el estrés, Antonio toca el piano y escucha música.

Now resume listening.

**Entre amigos: Estoy superestresada.**

**Paso 1.** The four students answer questions about stress and their daily lives. Listen carefully to all of the questions and answers. You may jot down notes if you like.

_____

_____

_____

**Paso 2.** Now listen to each of the questions and circle the letter of the answer that was given by the majority of the students.

1. **a.** el trabajo       **b.** las vacaciones       **c.** la temporada de exámenes

2. **a.** los amigos       **b.** los padres       **c.** los profesores

3. **a.** llegar tarde       **b.** ir a la biblioteca       **c.** almorzar

4. **a.** Sí       **b.** no       **c.** a veces

## Enfoque cultural: Puerto Rico

Conteste brevemente las siguientes preguntas.

1. ¿Desde qué año existe Puerto Rico como un Estado Libre Asociado? _____

2. A pesar de ser ciudadanos (*In spite of being citizens*) estadounidenses, ¿qué no pueden hacer los puertorriqueños que viven en la isla de Puerto Rico? _____

   _____

3. ¿Qué es el Yunque y por qué es importante? _____

   _____

4. ¿Qué importancia tiene la novela *Infortunios de Alonso Ramírez*? _____

   _____

_____

*These **Videoteca** videoclips are available on the Video on CD to accompany *¿Qué tal?*, Seventh Edition.

# ❖ ¡Repasemos!

**A. Recuerdos de Málaga.** Complete la narración con el *pretérito* y el *imperfecto*.
Use la forma apropiada de los verbos y adjetivos indicados. Cuando haya dos
posibilidades, use la correcta. Llene los otros espacios con las palabras necesarias.

El verano pasado, Emilia y yo _____[1] (**hacer**) un viaje a

España. Pasamos una semana en Málaga porque allí _____[2]

(*yo:* **tener**) una amiga _____[3] (**alemán**) que

_____[4] (**estudiar**) español en el Malaca Instituto Internacional.

_____[5] (*Nosotros:* **Quedarse**) en el Hotel Las Vegas, un hotel bueno y no

muy caro, cerca de la playa. _____[6] (**Llegar**) el lunes _____[7] (**de /**

**por**) la noche, y _____[8] (**a la / al**) día siguiente _____[9] (**ir**) a ver

_____[10] mi amiga Heidi. Ella _____[11] (**servirnos**) de

guía[a] y _____[12] (**llevarnos**) a ver _____[13] (**vario**) lugares

donde se _____[14] (**tocar**) música española popular y donde todo el mundo[b]

_____[15] (**beber**) vino y _____[16] (**bailar**).

El viernes por la noche Heidi _____[17] (**invitarnos**) a una fiesta en

el Instituto donde _____[18] (*nosotros:* **conocer**) a Ida y Joaquín Chacón, los dueños,

con quienes _____[19] (**viajar**) el sábado a Granada, la _____[20] (**anti-**

**guo**) y hermosísima[c] ciudad mora.[d] _____[21] (**Nuestro**) semana en Málaga fue

_____[22] (**magnífico**), pero el domingo _____[23] (**tener**) que

_____[24] (**despedirse**) de nuestra amiga y salir para Madrid en el Talgo,

uno de los trenes más _____[25] (**rápido**) y _____[26] (**moderno**) de

Europa.

[a]de... *as a guide*　[b]todo... *everybody*　[c]*very beautiful*　[d]*Moorish*

**B.** *Listening Passage:* **Un accidente.** You will hear a conversation between a person who has just had an accident and a person who was on the scene. First, listen to get a general idea of the content. Then go back and listen again for specific information.

**Después de escuchar.** You will hear a series of questions. Each will be said twice. Not all the questions are based on details of the conversation; some will ask for your opinion. Pause and write the answers. The following words and expressions appear in the questions.

| | |
|---|---|
| perdió el conocimiento | *became unconscious* |
| el accidentado | la víctima del accidente |
| deprimido | *depressed* |

1. _____

2. _____

3. _____

4. _____

5. _____

**C. Entrevista.** You will hear a series of questions. Each will be said twice. Answer, based on your own experience. Pause and write the answers.

1. _____

2. _____

3. _____

4. _____

5. _____

6. _____

## ❖■ Mi diario

Lea la historia que escribió Diana Lucero Hernández sobre un cumpleaños en que nada le salió bien. Después, escriba sobre un día igualmente «desastroso» en su propia vida. Si Ud. es una de esas personas a quien todo siempre le sale bien, ¡invente algo!

Use el *imperfecto* para describir

- el día que era (¿Era alguna fiesta especial?)
- el tiempo que hacía
- dónde estaba Ud.
- si había otras personas con Ud. o si estaba solo/a

Use el *pretérito* para hablar de

- las cosas inesperadas (*unexpected*) que se le ocurrieron
- cómo reaccionó Ud. y/o las otras personas que estaban allí
- lo que le pasó al final

---

Un cumpleaños inolvidable: ¡Todo salió mal!

*Diana Lucero Hernández, Colombia, 18 años*

El día en que cumplí los 15 años no lo puedo olvidar porque la mayoría de las cosas me salieron mal ese día. Mi fiesta de quinceañera era para las ocho y media de la noche. Yo salí de la peluquería[a] a las ocho y veinticuatro... y estaba cayendo un aguacero[b] terrible. Con la lluvia se me dañó el peinado[c] y tuve que correr a casa para ponerme mi nuevo vestido de fiesta. Cuando llegué, no podía ponérmelo porque las mangas me quedaban apretadas[d] y tuve que cortarlas un poco...

En eso empezaron a llegar los invitados (la fiesta fue en casa de una vecina). Llegó el fotógrafo y empezó a tomarme fotos, pero a la media hora se dio cuenta[e] que no tenía película en la cámara. Me tomó más fotos y finalmente pude llegar a la fiesta a eso de las once y media. ¡Estaba furiosa! Después bailé el vals con mi papá y, como es costumbre, debía cambiar de pareja,[f] pero mis amigos no quisieron bailar. Luego se cortó la energía eléctrica por casi una hora, y con eso empecé a llorar... ¡y lloré toda la noche!

[a]*hairdresser's*  [b]*lluvia*  [c]*se... my hairdo got ruined*  [d]*las... the sleeves were tight*  [e]*se... he realized*  [f]*partner*

---

# Póngase a prueba

 ## A ver si sabe...

**A. Another Use of** *se.* Exprese las siguientes oraciones usando construcciones con el reflexivo **se.**

1. Perdí mi paraguas.

   _____ _____ _____ el paraguas.

2. Perdimos la llave.

   _____ _____ _____ la llave.

3. Juan rompió los lentes.

   (A Juan) _____ _____ _____ los lentes.

4. Olvidaron poner el despertador.

   _____ _____ _____ el despertador.

**B.** *¿Por o para?* Escriba el número del ejemplo apropiado para cada uso de la lista de la izquierda.

1. Usos de **para**

   _____ **a.** destination (in time or in space)

   _____ **b.** "in order to" + infinitive

   _____ **c.** compared with others

   _____ **d.** in the employ of

   1. Ella lee muy bien para una niña de 7 años.
   2. Todos trabajamos para Microsoft.
   3. Salimos para París el 14 de junio.
   4. Hay que estudiar para sacar buenas notas.

2. Usos de **por**

   _____ **a.** by means of

   _____ **b.** through, along

   _____ **c.** in exchange for

   _____ **d.** during

   1. Lo vi cuando caminaba por la playa.
   2. Gracias por ayudarme.
   3. Preferimos viajar por tren.
   4. Siempre estudia por la noche.

# Prueba corta

**A. Situaciones.** Select the form that best expresses the meaning of the verb in italics.

1. *Olvidé* la tarea en casa.

    **a.** Se le olvidó     **b.** Se me olvidó

2. Josefina *perdió* veinte dólares.

    **a.** (A Josefina) se le perdió     **b.** (A Josefina) se le perdieron

3. Mis libros *cayeron* de la mochila.

    **a.** se me cayeron     **b.** se me cayó

4. ¿Cómo *rompiste* tu bicicleta?

    **a.** se te rompió     **b.** se me rompió

5. Julio *acabó* toda la leche.

    **a.** (A Julio) se le acabó     **b.** (A Julio) se me acabó

**B. *¿Por o para?*** Llene los espacios en blanco con **por** o **para**.

1. Marta fue a Dallas _____ la enfermedad de su madre.

2. Picasso pintaba _____ ganarse la vida (*earn his living*).

3. En la universidad estudio _____ ser arquitecto.

4. Fueron a París en avión _____ la ruta del Polo Norte.

5. Habla muy bien el francés _____ ser americano.

6. Mi hermano trabaja _____ Teléfonos de México.

**C. Cosas de todos los días: Recuerdos.** Practice talking about your friend Benito, using the written cues. When you hear the corresponding number, form sentences using the words provided in the order given, making any necessary changes or additions. ¡OJO! You will be using the preterite or the imperfect forms of the verbs.

> MODELO: (*you see*) **1.** de niño **/** Benito **/** ser **/** muy torpe   (*you hear*) uno →
> (*you say*) De niño, Benito *era* muy torpe.

2. (él) lastimarse **/** con frecuencia
3. Benito **/** también **/** ser **/** muy distraído
4. frecuentemente **/** (él) olvidarse de **/** poner **/** despertador
5. casi siempre **/** quedársele **/** en casa **/** tarea
6. muchas veces **/** perdérsele **/** llaves
7. una vez **/** (él) caerse **/** y **/** romperse **/** brazo
8. el médico **/** ponerle **/** yeso (*cast*)

CAPÍTULO **12**

# Paso 1 Vocabulario

## Tengo... Necesito... Quiero...

❖**A. Lo que tengo y lo que quiero.** Exprese su situación o deseo, según el modelo.

MODELO: un disco compacto →
Ya tengo uno. (Me encantaría [*I would love*] tener uno. [No] Me interesa tener uno.)

1. un coche descapotable _____

2. una videocasetera _____

3. una cámara de vídeo _____

4. un contestador automático _____

5. una motocicleta _____

6. una computadora portátil _____

7. una impresora _____

8. un equipo estereofónico _____

9. un teléfono celular _____

**B. Él y ella.** A él le gustan los bistecs y las motos. Ella es vegetariana y le encantan las bicicletas. Piense Ud. en la personalidad de estas dos personas y diga qué cosas les gustan a los dos, y qué cosas le interesan sólo a él o a ella.

MODELO: almorzar en un parque →
Les gusta a los dos.

1. sacar fotos de pájaros y flores _____

2. manejar a toda velocidad _____

3. grabar vídeos de sus amigos _____

4. usar el correo electrónico _____

5. comer sanamente (*healthily*) _____

6. cambiar de canal frecuentemente _____

7. navegar la red _____

8. usar su monopatín en la calle _____

**C. El aparato Sony.** Lea el anuncio y complete las oraciones.

---

# ¡Mi MP3 hace que toda la música sea mi música!

**Cada vez tengo más música porque todo lo que me gusta está en MP3. Además, con mi MP3, puedo llevar mi música a todas partes, pasarla a la computadora, gozar con las últimas canciones, con vídeos musicales y con todos los *podcasts* que me interesan.**
**En realidad, con mi MP3 no me pierdo ninguna. Entonces... ¡que se prenda la rumba!**

---

1. Las ventajas de MP3 son:

   a. Ud. puede llevar su música

   _____

   _____.

   b. Ud. puede escuchar canciones y todos los

   _____

   _____.

   c. Ud. puede ver

   _____

   _____.

2. ¿Qué significa la expresión, «No me pierdo una»?

   a. *I don't lose one.*
   b. *I don't miss a thing.*

3. The literal translation of **prender** is *to turn on*. What is the most likely meaning of «¡ ...**que se prenda la rumba!**»?

   a. *. . . let the rumba begin!*

   b. *. . . that the rumba is turned on!*

❖4. ¿Qué le parece la idea de tener un MP3? ¿O ya tiene uno?

   _____

**D. Maravillas y problemas de la tecnología.** Complete las oraciones con la forma apropiada de las palabras de la lista.

| | | | |
|---|---|---|---|
| cámara | fallar | impresora | lector |
| correo electrónico | guardar | imprimir | videocasetera |

1. Una vez me _____ la computadora y, como se me olvidó _____ mi trabajo, lo perdí todo.

2. Prefiero usar el _____ de DVD para ver películas porque es más fácil usar que la

   _____, y los DVDs tienen más información extra que los vídeos.

3. Necesito comprar un cartucho (*cartridge*) nuevo para mi _____ porque se le acabó la tinta (*ink*).

4. Me encanta mandar y recibir _____ porque es más barato y rápido que mandar cartas.

5. Con mi _____ digital y esta buena impresora puedo _____ mis propias (*own*) fotos.

**E. Cosas del trabajo.** Imagine que Ud. habla con un amigo sobre algunos problemas de su trabajo. Complete las oraciones con la forma apropiada de las palabras de la lista.

| | |
|---|---|
| aumento | manejar |
| cambiar de trabajo | obtener |
| fallar | parcial |
| jefe/a | sueldo |

1. Si la _____ no me da un _____ de sueldo, voy a

   _____. Pero no debo dejar mi trabajo antes de _____ otro.

2. Del _____ que yo gano (*earn*) cada mes, el gobierno me quita (*takes away*) el

   15 por ciento. Creo que necesito buscar otro trabajo de tiempo _____.

3. ¡Qué lata! (*What a pain!*) La computadora de la oficina _____ (*pret.*) hoy y fue imposible terminar el trabajo.

4. Esta mañana tuve que _____ mi motocicleta a la oficina porque mi coche no funcionaba.

**F. Hablando de «cositas»** (*"a few small things"*). You will hear a brief dialogue between two friends, Lidia and Daniel. Listen carefully and circle the items that are mentioned in their conversation. Don't be distracted by unfamiliar vocabulary. First, pause and look at the drawing.

## La vivienda

**A. Nuestra vida en el edificio de apartamentos.** Complete el párrafo con la forma apropiada de las palabras de la lista.

| | | | | |
|---|---|---|---|---|
| afueras | centro | luz | portero | vecino |
| alquilar | dirección | piso | vecindad | vista |
| alquiler | dueño | planta baja | | |

Mi compañero/a y yo acabamos de _____¹ un apartamento en Nueva York.

Nuestra nueva _____² es 154 E. 16th St. Nos gusta esta _____³

porque es relativamente tranquila y limpia. El _____⁴ del apartamento no es muy

caro porque está en el tercer _____⁵ y no tiene muy buena _____.⁶

Pero como el edificio está en el _____⁷ de la ciudad, podemos ir caminando a

todas partes. En verdad, nos gusta más vivir en el centro que en las _____⁸

porque todo es más conveniente. Los inquilinos pagamos el gas y la _____⁹ y los

_____¹⁰ pagan el agua. Una ventaja de vivir en este edificio es que hay un

_____¹¹ que vive en la _____¹² y cuida de todo. Todavía no

conocemos bien a nuestros _____,¹³ pero el portero dice que todos son muy

simpáticos.

**42**   *Capítulo 12*

**B. Definiciones.** You will hear a series of statements. Each will be said twice. Circle the letter of the word that is defined by each.

1. **a.** la videocasetera  **b.** el Walkman
2. **a.** el inquilino  **b.** el alquiler
3. **a.** la vecindad  **b.** la vecina
4. **a.** la jefa  **b.** el sueldo
5. **a.** el contestador automático  **b.** la motocicleta
6. **a.** el control remoto  **b.** la grabadora
7. **a.** el primer piso  **b.** la planta baja

**C. Identificaciones.** Identify the following items when you hear the corresponding number. Begin each sentence with **Es un...** or **Es una...**

1. ... 2. ... 3. ... 4. ... 5. ...

# Pronunciación y ortografía: *y* and *ll*

**A. El sonido [y].** At the beginning of a word or syllable, the Spanish sound [y] is pronounced somewhat like the letter *y* in English *yo-yo* or *papaya*. However, there is no exact English equivalent for this sound. In addition, there are variants of the sound, depending on the country of origin of the speaker.

Listen to these diferences.

el Caribe:  Yolanda lleva una blusa amarilla. Yo no.

España:  Yolanda lleva una blusa amarilla. Yo no.

la Argentina:  Yolanda lleva una blusa amarilla. Yo no.

**B. El sonido [ly].** Although **y** and **ll** are pronounced exactly the same by most Spanish speakers, in some regions of Spain **ll** is pronounced like the [ly] sound in *million*, except that it is one single sound.

Listen to these differences.

España:  Guillermo es de Castilla.

Sudamérica:  Guillermo es de Castilla.

C. **Repeticiones.** Repeat the following words, imitating the speaker.

1. llamo     llueve     yogurt     yate (*yacht*)     yanqui        yoga
2. ellas     tortilla     millón     mayo     destruyo (*I destroy*)     tuyo (*yours*)

D. **¿Ll o l?** You will hear a series of words. Each will be said twice. Circle the letter used to spell each.

1. ll  l    2. ll  l    3. ll  l    4. ll  l    5. ll  l    6. ll  l

E. **Repaso: ñ, l, ll, y: Dictado.** You will hear three sentences. Each will be said twice. Write what you hear.

1. _____

2. _____

3. _____

## Los hispanos hablan: Quiero...

**Paso 1.** Listen to Diana, José, and Karen describe what they want. As you listen to their descriptions, check the appropriate boxes. First, listen to the list of objects.

|  | DIANA | JOSÉ | KAREN |  | DIANA | JOSÉ | KAREN |
|---|---|---|---|---|---|---|---|
| ropa | ☐ | ☐ | ☐ | un radio portátil | ☐ | ☐ | ☐ |
| un estéreo | ☐ | ☐ | ☐ | un gran trabajo | ☐ | ☐ | ☐ |
| cosméticos | ☐ | ☐ | ☐ | un boleto de avión | ☐ | ☐ | ☐ |
| discos compactos | ☐ | ☐ | ☐ | una grabadora | ☐ | ☐ | ☐ |
| una guitarra | ☐ | ☐ | ☐ | una batería (*drum set*) | ☐ | ☐ | ☐ |
| aretes | ☐ | ☐ | ☐ | un ordenador | ☐ | ☐ | ☐ |
| un auto | ☐ | ☐ | ☐ | una bicicleta | ☐ | ☐ | ☐ |

**Paso 2.** Now, pause and answer the following questions about the descriptions and the chart you completed in **Paso 1.** Check your answers to **Paso 1** in the Appendix before you begin **Paso 2.**

1. De las tres personas, ¿quién quiere más cosas?

_____

2. De las tres personas, ¿quién quiere viajar?

_____

3. ¿Qué cosas desea más de una persona?

_____

# Paso 2 Gramática

## 33. Influencing Others • *Tú* Commands

---

♲ ¡RECUERDE!

Los mandatos: Ud., Uds.

**A.** Escriba la forma indicada del mandato formal, poniendo atención a la posición de los pronombres del complemento directo, indirecto y reflexivo.

1. dejarlo        _Déjelo_____ Ud.        No _lo deje_____ Ud.

2. escribirlo     _____ Uds.        No _____ Uds.

3. jugarlo        _____ Ud.        No _____ Ud.

4. decírmelo      _____ Ud.        No _____ Ud.

5. dárselo        _____ Uds.        No _____ Uds.

**B.** ¿Cómo se dice en español?

1. equivocarse, Ud.: *Don't make a mistake.* _____

2. hacerse daño, Uds.: *Don't hurt yourselves.* _____

3. reírse, Ud.: *Don't laugh so much.* _____

4. conseguir, Ud.: *Get another job.* _____

---

❖**A.** **¿Los ha oído Ud.** (*Have you heard*)? ¿Con qué frecuencia ha oído Ud. estos mandatos?

    a = con mucha frecuencia
    b = a veces
    c = casi nunca

1. _____ Pásame la sal, por favor.

2. _____ No tomes tanta cerveza.

3. _____ Ponte una camisa limpia.

4. _____ No te pongas esos pantalones rotos (*torn*).

5. _____ Recoge (*Pick up*) tu ropa del suelo.

6. _____ No comas con los dedos; usa el tenedor.

7. _____ Ten cuidado cuando manejes en la autopista (*highway*).

8. _____ Vuelve antes de la medianoche. No vuelvas tarde.

9. _____ Dame las llaves del coche.

10. _____ Pídeselo a tu mamá. Yo no tengo dinero.

**B. ¡Escúchame, Anita!** Déle mandatos afirmativos o negativos a su compañera Anita. ¡OJO! ¡Cuidado con los acentos y la posición de los pronombres!

1.  **(Poner)** _____ otro disco compacto; no _____ ese.

2.  **(usar)** No _____ ese teléfono ahora; _____ el celular.

3.  **(Apagar:** *To turn off* ) _____ la videocasetera.

4.  **(Prestarme)** _____ tu Walkman.

5.  **(mandarle)** No _____ un correo electrónico; _____ un fax.

6.  **(Decirle)** _____ a la jefa que recibimos su fax, pero no _____ que estoy aquí.

**C. Más mandatos.** Déles mandatos apropiados, afirmativos o negativos, a sus amigos y a varios miembros de su familia.

MODELO: Rosa nunca me escucha. → Rosa, escúchame.

1.  Susana juega en la sala.                          Susana, _____.

2.  José no deja de hablar por teléfono.              José, _____.

3.  Juan nunca llega a tiempo.                        Juan, _____.

4.  Carmela se viste muy mal.                         Carmela, _____.

5.  Tito no se lava las manos antes de comer.         Tito, _____.

6.  Jorge es pesado (*a pain*).                       Jorge, _____.

7.  Miguel pone los pies sobre mi cama.               Miguel, _____.

8.  David toca el piano todo el tiempo.               David, _____.

**D. A la hora de cenar.** Leonor le hace unas preguntas a su mamá, quien le contesta con un mandato informal. Use pronombres del complemento directo e indirecto para evitar la repetición innecesaria.

MODELO: ¿Quieres que prepare la cena? → Sí, prepárala. (No, no la prepares.)

1.  ¿Quieres que ponga la mesa?

    Sí, _____.      No, _____.

2.  ¿Le sirvo leche a Claudia?

    Sí, _____.      No, _____.

3.  ¿Te traigo la otra silla?

    Sí, _____.      No, _____.

4.  ¿Te lavo los platos?

    Sí, _____.      No, _____.

**E. La vida doméstica de la Cenicienta** (*Cinderella*). Play the role of the stepmother and tell Cinderella what she has to do before she can go to the ball. Use affirmative informal commands for the infinitives you will hear.

1.  …    2.  …    3.  …    4.  …    5.  …

**F.** **¡No lo hagas!** Imagine that you are a parent of the child depicted in the drawings. When you hear the corresponding number, tell her *not* to do the things she is doing in each drawing. Use negative informal commands. You will hear a possible answer.

MODELO: (*you hear*) uno   (*you see*) **1.**  pegar / Isabel →
(*you say*) No le pegues a Isabel.

1.  pegar / Isabel

2.  saltar (*to jump*) / cama

3.  poner / mesa

4.  pasear / calle

5.  jugar / tantos videojuegos

6.  escribir / pared

## 34. Expressing Subjective States or Actions • Present Subjunctive: An Introduction

**A.** **¡Recuerde!** The subjunctive, like the command form, is based on the **yo** form of the present indicative. The **nosotros** and **vosotros** forms of stem-changing verbs revert to the original stem of the infinitive, except for some **-ir** verbs: **o → u** and **e → i** (**dormir → durmamos, sentir → sintamos**). Complete the following chart with the missing forms.

| YO (INDICATIVO) | YO/UD. (SUBJUNTIVO) | NOSOTROS (SUBJUNTIVO) |
|---|---|---|
| llego | que llegue | que _____ [1] |
| empiezo | que _____ [2] | que empecemos |
| conozco | que conozca | que _____ [3] |
| juego | que _____ [4] | que juguemos |
| consigo | que consiga | que _____ [5] |
| divierto | que divierta | que _____ [6] |
| duermo | que _____ [7] | que durmamos |

**B. ¡Termínelo Ud.!** Indique cuáles de las opciones son correctas en cada caso. **¡ojo!** Hay dos opciones posibles en cada caso.

1. Prefiero...
   a. quedarme en casa.
   b. que te quedas en casa.
   c. que te quedes en casa.

2. No me gusta...
   a. que sales sin mí.
   b. que salgas sin mí.
   c. salir solo.

3. Es importante...
   a. mandar este fax hoy.
   b. que lo mandemos hoy.
   c. que lo mandamos hoy.

4. Queremos...
   a. encontrarnos allí.
   b. que nos encuentras allí.
   c. que nos encuentres allí.

**C. Formando oraciones.** Haga oraciones, cambiando el infinitivo por la forma apropiada del subjuntivo.

1. Espero que Ud... _____ (**poder**) acabar hoy.

   no se _____ (**olvidar**) de guardar la información.

   _____ (**saber**) usar esta computadora.

2. Dudo que ellos... _____ (**empezar**) hoy.

   nos _____ (**mandar**) el fax hoy.

   nos _____ (**decir**) todos los problemas que tienen.

3. Insisten en que tú... _____ (**llegar**) a tiempo.

   _____ (**ser**) más responsable.

   _____ (**buscar**) otro modelo más económico.

**D. Minidiálogo: Una decisión importante.** You will hear a dialogue in which José Miguel asks Gustavo for advice on purchasing a digital camera. Then you will hear a series of statements about the dialogue. Circle **C, F,** or **ND** (**No lo dice**).

1. C  F  ND
2. C  F  ND
3. C  F  ND
4. C  F  ND
5. C  F  ND

**E. ¿Qué quiere Arturo?**

**Paso 1.** You will hear Arturo talk about what he wants his siblings to do. Listen to what he says, and complete the following chart by checking the thing he wants each sibling to do or not to do.

| PERSONA | NO JUGAR «NINTENDO» | NO USAR SU COCHE | PRESTARLE SU CÁMARA | BAJAR EL VOLUMEN DEL ESTÉREO |
|---|---|---|---|---|
| su hermana | | | | |
| su hermano menor | | | | |
| sus hermanitos | | | | |

**Paso 2.** Now answer the questions you hear, based on the completed chart. Each question will be said twice. Check the answers to **Paso 1** in the Appendix before you begin **Paso 2.**

1. ...  2. ...  3. ...  4. ...

# Paso 3  Gramática

### 35. Expressing Desires and Requests • Use of the Subjunctive: Influence

**A. Jefes y empleados.** What qualities are the boss and the employee looking for in each other? Complete each sentence by giving the appropriate present subjunctive form of the infinitive.

1. La jefa: Insisto en que mis empleados...

(decir la verdad) _____.

(llegar a tiempo) _____.

(aceptar responsabilidades) _____.

(saber usar una computadora) _____.

(no usar el correo electrónico para cosas personales) _____

_____.

2. El empleado: Es importante que mi trabajo...

(resultar interesante) _____.

(gustarme) _____.

(no estar lejos de casa) _____.

(darme oportunidades para avanzar [*to advance*]) _____

_____.

**B. En Compulandia.** ¿Qué quiere el vendedor (*salesman*) de computadoras que hagamos? ¡OJO! Use la forma **nosotros** de los verbos indicados.

Quiere que _____¹ (**ver**) el último modelo del iMac y nos recomienda que

también _____² (**comprar**) memoria extra. Prefiere que _____³

(**pagar**) al contado.ᵃ Nos pide que _____⁴ (**volver**) mañana para recogerla.ᵇ Nos

dice que lo _____⁵ (**llamar**) si tenemos algún problema.

ᵃal... *cash*   ᵇ*pick it up*

**C. ¿Qué quieres que haga yo?** Imagine que Ud. quiere ayudar a un amigo que va a dar una fiesta. Hágale las siguientes preguntas en español. Siga el modelo del título.

1. What do you want me to buy? _____

2. What do you want me to bring? _____

3. What do you want me to prepare? _____

4. What do you want me to look for? _____

5. What do you want me to cook? _____

**D. Cosas del trabajo.** Imagine que Ud. comenta algunas cosas relacionadas con su trabajo. Use la forma apropiada del verbo entre paréntesis: el infinitivo, el presente de indicativo o el presente de subjuntivo.

1. **(trabajar)** Mi jefe es exigente[a] y antipático; quiere que (nosotros) _____ este

   sábado, pero ya tengo otros planes y no quiero _____.

2. **(almorzar)** Nuestro director prefiere que (nosotros) _____ en la oficina, pero

   yo prefiero _____ en el parque.

3. **(traer)** No puedes _____ tu gato a la oficina. La jefa prohíbe que (nosotros)

   _____ mascotas.

4. **(pedir)** En la oficina no permiten que (nosotros) _____ vacaciones en verano.

   Por eso, voy a _____ mis dos semanas en enero.

5. **(obtener)** Si yo no _____ un trabajo de tiempo completo, es urgente que (yo)

   _____ uno de tiempo parcial, por lo menos.

   [a]*demanding*

**E. Presiones de la vida moderna**

**Paso 1.** You will hear a brief paragraph in which Margarita describes her job and what she doesn't like about it. Listen carefully and take notes on a separate sheet of paper.

**Paso 2. ¿Qué recuerda Ud.?** Now pause and complete the following sentences based on the passage and your notes. Use phrases from the list. Be sure to use the correct present subjunctive form of the verbs. (Check your answers in the Appendix.)

| | |
|---|---|
| equivocarse | tener teléfono celular |
| ser más flexible | trabajar los fines de semana |
| solucionar sus problemas | |

1. Los clientes quieren que Margarita _____ técnicos.

2. Su jefa no quiere que ella _____.

3. Margarita quiere que su horario _____.

4. A veces, es necesario que Margarita _____.

5. Margarita prefiere que su coche no _____.

Now resume listening.

**F. ¿Qué recomienda el nuevo jefe?** Imagine that you have a new boss in your office, and he is determined to make some changes. When you hear the corresponding numbers, tell what he recommends, using the written cues.

> MODELO: (*you hear*) uno  (*you see*) **1.**  El jefe recomienda... Ud. **/** buscar otro trabajo →
> (*you say*) El jefe recomienda que Ud. busque otro trabajo.

2. El jefe recomienda... yo **/** copiar el contrato
3. El jefe insiste en... todos **/** trabajar hasta muy tarde
4. El jefe prohíbe... Federico **/** dormir en la oficina
5. El jefe sugiere... tú **/** aprender a manejar tu computadora

**G. Antes del viaje: ¿Qué quiere Ud. que hagan estas personas?** Imagine that you are a tour leader traveling with a large group of students. Using the oral and written cues, tell each person what you want him or her to do. Begin each sentence with **Quiero que...** , as in the model.

> MODELO: (*you hear*) hacer las maletas  (*you see*) Uds. →
> (*you say*) Quiero que Uds. hagan las maletas.

1. Toño  **2.** (tú)  **3.** Ana y Teresa  **4.** todos  **5.** todos

## Un poco de todo

**A. Descripción: Una familia de la era de la tecnología**

**Paso 1.** You will hear five brief descriptions. Write the letter of each description next to the drawing that it describes. ¡OJO! Not all the drawings will be described. First, pause and look at the drawings.

1. _____  2. _____  3. _____

4. _____  5. _____  6. _____

❖**Paso 2.** Now pause and write a description of the drawing for which there was no match.

_____

_____

_____

_____

_____

_____

Now resume listening.

**B. Un anuncio comercial.** Imagine que Ud. trabaja en una compañía de propaganda comercial. Su jefe le da el siguiente anuncio de una compañía nacional de ferrocarriles (_railroad_) para que Ud. lo cambie de la forma formal (**Ud.**) a la informal (**tú**). Lea el anuncio y haga todos los cambios necesarios.

Oiga, mire.

Abra los ojos y vea todos los detalles del paisaje.[a] Viaje a su destino sin preocuparse por el tráfico. Haga su viaje sentado cómodamente y llegue descansado. Goce de[b] la comida exquisita en el elegante coche-comedor.

Juegue a las cartas o converse con otros viajeros como Ud. Y recuerde: ¡Esto pasa solamente viajando en tren!

[a]_landscape_  [b]Goce (Gozar)... _Enjoy_

**C. La familia Rosales.** The Rosales family just moved to a new house. What does the mother say to her family? Form complete sentences, using the words provided in the order given. Make any necessary changes, and add other words when necessary. _Note:_ **/ /** indicates a new sentence.

1. chicos, / venir / aquí / / (yo) necesitar / enseñarles / manejar / nuevo / lavadora

   _____

2. María, / ayudar / tu hermano / barrer / patio

   _____

3. Pepe, / (yo) recomendar / que / hacer / tarea / antes de / salir / jugar

   _____

   _____

4. María, / no / olvidarse / llamar / Gabriela / para / darle / nuestro / nuevo / dirección

   _____

   _____

5. Pepe, / ir / tu cuarto / y / ponerse / uno / pantalones / limpio

   _____

   _____

# Paso 4  Un paso más

## Videoteca*

**Entrevista cultural: El Perú**

You will hear an interview with Valdemar de Icázar from Lima, Perú. After listening, pause and choose the letter or letters of the phrase that best completes each statement.

1. En la tienda donde trabaja Valdemar, venden...

   **a.** celulares.　　　　**b.** electrodomésticos.　　　　**c.** computadoras.

2. Los productos más populares de la tienda son...

   **a.** las computadoras.　　**b.** los celulares con cámaras.　　**c.** las cámaras.

3. La semana pasada, Valdemar compró...

   **a.** una cámara digital.　　**b.** una computadora.　　**c.** un programador.

4. Él estudia...

   **a.** fotografía.　　　　**b.** matemáticas.　　　　**c.** computación.

5. El objeto que trae Valdemar representa...

   **a.** las memorias de sus vacaciones en Trujillo cuando era niño.

   **b.** las veces que iba a la playa y veía a su familia.

   **c.** las memorias de su casa en Lima.

Now resume listening.

**Entre amigos: Me tiras un correo, ¿eh?**

**Paso 1.** The four students answer questions about technology in their lives. Listen carefully to their answers for the first question and write down their answers. The names are listed in the order in which the question is answered. Check your answers in the Appendix.

¿TIENES TELÉFONO CELULAR...　...Y PARA QUÉ LO USAS?

1. Miguel René　☐ Sí　☐ No　_____
2. Rubén　☐ Sí　☐ No　_____
3. Tané　☐ Sí　☐ No　_____
4. Karina　☐ Sí　☐ No　_____

Now resume listening.

**Paso 2.** Now listen to the second question and write their answers. The names are listed in the order in which the question is answered. Check your answers in the Appendix.

¿TE GUSTAN LAS NUEVAS TECNOLOGÍAS...　...Y QUÉ APARATOS ELECTRÓNICOS TIENES?

1. Karina　☐ Sí　☐ No　_____
2. Miguel René　☐ Sí　☐ No　_____
3. Rubén　☐ Sí　☐ No　_____
4. Tané　☐ Sí　☐ No　_____

*These **Videoteca** videoclips are available on the Video on CD to accompany *¿Qué tal?*, Seventh Edition.

# Enfoque cultural: El Perú

Conteste las preguntas brevemente.

1. ¿Qué importancia tiene el lago Titicaca? _____

_____

2. ¿Qué comida importante originó en el Perú? _____

3. ¿Por dónde se extendía el imperio de los incas cuando los españoles llegaron en 1532? _____

_____

4. ¿Cómo era el sistema de gobierno de los incas? _____

_____

5. ¿Qué artes y técnicas eran importantes en el imperio inca? _____

_____

# ¡Repasemos!

## A. Una amistad internacional

**Paso 1.** Complete la narración con la forma apropiada del pretérito o imperfecto de los verbos entre paréntesis.

El mes pasado, durante una excursión para esquiar en las sierras centrales de California, los Burke

_____[1] (**conocer**) al Sr. Dupont, un turista del sur de Francia que

_____[2] (**visitar**) los Estados Unidos por esas fechas.[a] Los Burke le

_____[3] (**decir**) que _____[4] (*ellos:* **ir**) a hacer un viaje a Francia en

mayo. El Sr. Dupont _____[5] (**ponerse**) muy contento al oír[b] eso y los

_____[6] (**invitar**) a visitarlo en su casa. Los Burke _____[7] (**aceptar**)

con mucho gusto y _____[8] (**quedar**) en[c] llamarlo desde París. El Sr. Dupont les

_____[9] (**prometer**) que los _____[10] (**ir**) a llevar a los mejores

restaurantes de la región.

Después de esquiar una semana, todos _____[11] (**volver**) juntos a Los Ángeles

y los Burke _____[12] (**llevar**) a su nuevo amigo al aeropuerto. _____[13]

(*Ellos:* **Despedirse**) y _____[14] (**prometer**) verse pronto en Europa.

[a]por... *at that time*   [b]al... *upon hearing*   [c]quedar... *to agree to*

**Paso 2.** Conteste las preguntas según la narración anterior.

1. ¿Adónde fueron los Burke para esquiar? _____

   _____

2. ¿Quién era el Sr. Dupont? _____

3. ¿Qué le dijeron los Burke al Sr. Dupont? _____

   _____

4. ¿Cómo reaccionó el Sr. Dupont cuando supo del viaje de los Burke a Francia? _____

   _____

5. ¿Cuánto tiempo pasaron juntos (*together*)? _____

   _____

6. ¿Adónde llevaron los Burke al Sr. Dupont? _____

   _____

7. ¿Qué se prometieron los nuevos amigos? _____

   _____

**B.** *Listening Passage:* **Recuerdos de España**

**Antes de escuchar.** Pause and do the following prelistening exercise.

Answer these questions about Spain to see how much you already know about this European country.

1. ¿Cómo piensa Ud. que es el nivel de vida (*standard of living*) en España?

   _____

2. ¿Cree Ud. que España ha cambiado (*has changed*) mucho en los últimos treinta años?

   _____

3. ¿Sabe Ud. lo que es la Unión Europea? España pertenece (*belongs*) a ella desde 1986.

   _____

4. ¿Cuántas semanas de vacaciones le dan al año si trabaja en los Estados Unidos? ¿Y en España?

   _____

Now resume listening.

*Listening Passage.* Now you will hear a passage in which a person from Spain tells us about his homeland. The following words appear in the passage.

| | | | |
|---|---|---|---|
| a finales de | *at the end of* | occidental | *western* |
| en vías de desarrollo | *developing* | con eficacia | *efficiently* |
| a nivel | *at the level* | los medios | *means* |
| las cuestiones | *matters* | el ascenso | *promotion* |
| incluso | *even* | me he americanizado | *I have become Americanized* |

**Después de escuchar.** Pause and check all the statements that, according to the speaker of the passage, describe present-day Spain.

1. ☐ España es un país en vías de desarrollo.

2. ☐ El nivel de vida en las ciudades grandes es bueno.

3. ☐ A los españoles no les gusta trabajar.

4. ☐ Es normal que los españoles tengan cuatro semanas de vacaciones al año.

5. ☐ Las universidades españolas tienen un mejor sistema de bibliotecas que las norteamericanas.

6. ☐ España es un país moderno y desarrollado.

7. ☐ La Unión Europea ha beneficiado (*has benefitted*) a España.

Now resume listening.

**C.** **Entrevista.** You will hear a series of questions. Each will be said twice. Answer, based on your own experience. Pause and write the answers.

1. _____

2. _____

3. _____

4. _____

5. _____

6. _____

# ❖■ Mi diario

Antes de escribir en su diario, lea la siguiente nota curiosa sobre un invento muy popular.

La invención del teléfono por Alexander Graham Bell en 1876 ciertamente ha cambiado[a] la rapidez de las comunicaciones en todo el mundo, pero se dice que el inventor mismo,[b] hasta el día de su muerte en 1922, no permitió tener un teléfono dentro de su oficina porque lo consideraba una distracción. «Cuando estoy pensando, no quiero que me molesten por ninguna razón. Los mensajes pueden esperar; las ideas no.»

[a]ha... *has changed* [b]*himself*

¿Qué cree Ud.? ¿El teléfono interrumpe o facilita (*interrupts or facilitates*) el proceso creativo? ¿Y los demás aparatos «modernos»? Piense en todos los aparatos que usa Ud. y haga una lista de ellos.

| **Palabras útiles** | la computadora (portátil) | el lavaplatos |
| | el fax | la secadora |
| | la lavadora | el secador de pelo (*hair dryer*) |

Ahora escriba en su diario cuáles son los aparatos más importantes para Ud. y diga por qué. Explique cómo le afectan la vida.

# Póngase a prueba

## ■ A ver si sabe...

**A.** *Tú* **Commands.** Complete la siguiente tabla.

| INFINITIVO | AFIRMATIVO | NEGATIVO | INFINITIVO | AFIRMATIVO | NEGATIVO |
|---|---|---|---|---|---|
| decir | | no digas | salir | | |
| escribir | escribe | | ser | | |
| hacer | | | tener | ten | |
| ir | | | trabajar | | no trabajes |

**B.** **Present Subjunctive: An Introduction**

1. Escriba el modo subjuntivo para la tercera persona singular (**él/ella**) de los siguientes verbos.

   a. **buscar:** que _____      g. **oír:** que _____

   b. **dar:** que _____      h. **poder:** que _____

   c. **escribir:** que _____      i. **saber:** que _____

   d. **estar:** que _____      j. **ser:** que _____

   e. **estudiar:** que _____      k. **traer:** que _____

   f. **ir:** que _____      l. **vivir:** que _____

2. Complete la siguiente tabla.

| | | |
|---|---|---|
| **comenzar:** | que yo | que nosotros |
| **dormir:** | que yo duerma | que nosotros |
| **perder:** | que yo | que nosotros perdamos |
| **sentirse:** | que yo me | que nosotros nos |

**C.** **Use of the Subjunctive: Influence.** Subraye la forma apropiada del verbo.

1. Juan (**prefiere / prefiera**) que ellos (**vienen / vengan**) a casa.

2. (**Es / Sea**) urgente que Ricardo (**comience / comienza**) a trabajar.

3. El profesor (**prohíba / prohíbe**) que (**entramos / entremos**) tarde.

4. Mis padres (**insisten / insistan**) en que sus amigos (**se quedan / se queden**) a comer.

5. (**Sea / Es**) mejor que tú (**traes / traigas**) el vino.

# Prueba corta

**A. Su companero/a.** Pídale a su compañero/a de cuarto que haga las cosas indicadas usando el verbo entre paréntesis. Use mandatos informales.

1. _____ (**Venir**) a mirar este programa.

2. No _____ (**apagar:** *to turn off*) la computadora; necesito trabajar más tarde.

3. _____ (**Llamar**) al portero y _____ (**decirle**) que la luz se nos apagó.

4. No _____ (**poner**) el televisor ahora; _____ (**ponerlo**) después.

5. No _____ (**preocuparse:** *to worry*) por el trabajo; _____ (**descansar**) un poco.

**B. ¿Infinitivo o subjuntivo?** Complete las siguientes oraciones con el infinitivo o con la forma apropiada del subjuntivo del verbo entre paréntesis.

1. Sugiero que _____ (*tú:* **buscar**) otro modelo con más memoria.

2. Todos queremos _____ (**comprar**) una computadora nueva.

3. Un amigo recomienda que _____ (*nosotros:* **ir**) a Compulandia.

4. Insistimos en _____ (**hablar**) con el director. Es necesario que

   _____ (**hablar**) primero con él.

5. ¿Es tan importante que tú _____ (**saber**) navegar la red? Francamente, prefiero

   que no _____ (**perder**) tu tiempo en eso.

**C. Una oficina con problemas.** You are the boss of a large office with an unruly staff that is on the verge of a strike. You will hear what they do not want to do. Tell them what you would like them to do, using the written and oral cues.

   MODELO: (*you hear*) No queremos mandar los documentos.  (*you see*) querer →
   (*you say*) Pues, yo quiero que Uds. los manden.

1. recomendar
2. sugerir
3. querer
4. querer
5. mandar

**D. Los mandatos de la niñera** (*baby-sitter*). Imagine that you are Tito's baby-sitter. Tell him what to do or what not to do, using the oral cues. ¡OJO! You will be using **tú** commands in your sentences.

   MODELO: (*you hear*) sentarse en el sofá → (*you say*) Tito, siéntate en el sofá.

1. ...   2. ...   3. ...   4. ...   5. ...   6. ...

CAPÍTULO **13**

# Paso 1 Vocabulario

## ▮ Las artes

❖**A. ¿A quién conoce Ud.?** ¿Reconoce Ud. a estos escritores y artistas hispánicos?

|  |  | SÍ | NO |
|---|---|---|---|
| 1. | Miguel de Cervantes, novelista español | ☐ | ☐ |
| 2. | Pablo Neruda, poeta chileno | ☐ | ☐ |
| 3. | Carmen Lomas Garza, pintora estadounidense | ☐ | ☐ |
| 4. | Antonio Banderas, actor español | ☐ | ☐ |
| 5. | Alicia Alonso, bailarina de ballet cubana | ☐ | ☐ |
| 6. | Jorge Luis Borges, escritor argentino | ☐ | ☐ |
| 7. | José Carreras, tenor español | ☐ | ☐ |
| 8. | Fernando Botero, pintor colombiano | ☐ | ☐ |
| 9. | Pablo Picasso, pintor español | ☐ | ☐ |
| 10. | Carlos Fuentes, novelista y ensayista (*essayist*) mexicano | ☐ | ☐ |
| 11. | Sandra Cisneros, escritora estadounidense | ☐ | ☐ |
| 12. | Mario Vargas Llosa, novelista peruano | ☐ | ☐ |
| 13. | Celia Cruz, cantante cubana | ☐ | ☐ |
| 14. | Pedro Almodóvar, director de cine español | ☐ | ☐ |

**B. ¿Qué hicieron?** Empareje el nombre del / de la artista con lo que hizo. Use el pretérito del verbo apropiado.

| 1. Gabriel García Márquez | esculpir | de Dorothy, en *El Mago de Oz* |
| 2. Diego Rivera | escribir | óperas italianas |
| 3. Plácido Domingo | hacer el papel (*to play the role*) | *El pensador* |
| 4. Robert Rodríguez + | tocar + | *Cien años de soledad* |
| 5. Andrés Segovia | pintar | *Desperado* |
| 6. Judy Garland | cantar | la guitarra clásica |
| 7. Augusto Rodin | dirigir | murales |

1. _____

2. _____

3. _____

4. _____

5. _____

6. _____

7. _____

❖C. **Preguntas personales.** Conteste con oraciones completas.

1. ¿Cuál de las artes mencionadas en este capítulo le interesa más? ¿O le aburren todas las artes?

   _____

2. ¿Le gustan los dramas o prefiere las comedias? Dé ejemplos.

   _____

3. Cuando visita un museo, ¿qué tipo de pintura o escultura le gusta más? ¿La pintura

   impresionista? ¿clásica? ¿contemporánea? ¿surrealista? _____

   _____

4. ¿Qué actividad artística le aburre más a Ud.? _____

   _____

5. ¿Tiene Ud. un(a) novelista o poeta preferido/a? ¿Cuándo leyó una de sus obras por primera vez?

   _____

❖D. **Encuesta.** You will hear a series of questions. Check the appropriate boxes. No answers will be given. The answers you choose should be correct for you!

1. ☐ Sí  ☐ No       5. ☐ Sí  ☐ No

2. ☐ Sí  ☐ No       6. ☐ Sí  ☐ No

3. ☐ Sí  ☐ No       7. ☐ Sí  ☐ No

4. ☐ Sí  ☐ No       8. ☐ Sí  ☐ No

E. **Definiciones.** You will hear a series of definitions. Each will be said twice. Circle the letter of the word that is defined by each.

1. **a.** el bailarín      **b.** el cantante       4. **a.** la escultora      **b.** el dramaturgo
2. **a.** la arquitecta    **b.** la aficionada     5. **a.** la compositora    **b.** el guía
3. **a.** el músico        **b.** la ópera          6. **a.** el poeta          **b.** el artista

F. **Identificaciones.** You will hear a series of words. Write the number of each word next to the item the word describes. First, pause and look at the drawings.

# Ranking Things: Ordinals

**A. ¿Sabía Ud. eso?** Use el número ordinal indicado para completar las siguientes oraciones.

1. Miguel de Cervantes escribió *Don Quijote de la Mancha*, considerada como la

   _____ (1ª) novela moderna.

2. El estudio de Pablo Picasso estaba en el _____ (4°) piso del edificio.

3. La catedral «La Sagrada Familia» de Antonio Gaudí, en Barcelona, está en su

   _____ (2°) siglo (*century*) de construcción.

4. El rey Carlos _____ (1°) de España fue al mismo tiempo Carlos

   _____ (5°) de Alemania.

5. Francisco de Goya pintó retratos (*portraits*) muy realistas de los reyes Carlos

   _____ (3°) y Carlos _____ (4°) de España.

6. Enrique _____ (8°) de Inglaterra hizo decapitar a sus esposas

   _____ (2ª) y _____ (5ª), Ana Bolena y Catalina Howard,
   respectivamente.

7. El papa (*Pope*) León _____ (10°), Juan de Médicis, fue un gran protector de
   las artes, las letras y las ciencias en el siglo XV.

8. El _____ (1er) escritor centroamericano que ganó el Premio Nóbel de Literatura
   fue Miguel Ángel Asturias, de Guatemala.

9. El _____ (9°) presidente de los Estados Unidos fue William Henry Harrison,
   pero gobernó solamente por 31 días. Se resfrió durante la inauguración y nunca se recuperó.

**B. De esto y aquello.** Complete las oraciones con el adjetivo ordinal apropiado.

1. Este es mi _____ semestre / trimestre de español.

2. Mi _____ (1ª) clase es a las _____ (hora).

3. El domingo es el _____ día de la semana en el calendario hispánico; el

   viernes es el _____ día.

4. Franklin Delano Roosevelt murió durante su _____ (4°) término presidencial.

**C. Descripción: ¿En qué piso?** You will be asked to tell on what floor a number of families live or on which floor businesses are located. Each question will be said twice. Answer, based on the following drawing. First, pause and look at the drawing.

1. …

2. …

3. …

4. …

5. …

= 6

= 5

= 4

= 3

= 2

= 1

la planta baja

🎧 **D. Poniendo las cosas en orden**

**Paso 1.** You will hear a series of questions. Each will be said twice. Circle the correct answer.

| | | | |
|---|---|---|---|
| 1. febrero | enero | junio | abril |
| 2. julio | agosto | octubre | diciembre |
| 3. lunes | jueves | sábado | martes |
| 4. Michael Jordan | Rosie O'Donnell | Neil Armstrong | Antonio Banderas |

**Paso 2.** Now pause and write a sentence, using ordinal numbers, about each of the answers you circled. Number four is done for you.

1. _____

2. _____

3. _____

4. *La primera persona que caminó en la luna fue Neil Armstrong.*

Now resume listening.

🎧 ■ **Pronunciación y ortografía: *x* and *n***

**A. La letra *x*.** The letter **x** is usually pronounced [ks], as in English. Before a consonant, however, it is often pronounced [s]. Repeat the following words, imitating the speaker.

1. [ks]   léxico   sexo   axial   existen   examen
2. [s]   explican   extraordinario   extremo   sexto   extraterrestre

Read the following sentences when you hear the corresponding numbers. Repeat the correct pronunciation.

3. ¿Piensas que existen los extraterrestres?
4. ¡Nos explican que es algo extraordinario!
5. No me gustan las temperaturas extremas.
6. La medicina no es una ciencia exacta.

**B. La letra *n*.** Before the letters **p, b, v,** and **m,** the letter **n** is pronounced [m]. Before the sounds [k], [g], and [x], **n** is pronounced like the [ng] sound in the English word *sing*. In all other positions, **n** is pronounced as it is in English. Repeat the following words and phrases, imitating the speaker.

1. [m]   convence   un beso   un peso   con Manuel   con Pablo
       en Venezuela
2. [ng]   encontrar   conjugar   son generosos   en Quito   en Granada
       con Juan

Read the following phrases and sentences when you hear the corresponding numbers. Repeat the correct pronunciation.

3. en Perú
4. son jóvenes
5. con Gloria
6. en México
7. En general, sus poemas son buenos.
8. Los museos están en Caracas.

# Los hispanos hablan: Dinos algo acerca de la ciudad donde vives

❖**Paso 1.** First, pause and check the statements that are true for the city or town in which you live.

1. ☐ Muchas personas viven en el centro de la ciudad.

2. ☐ Hay muchas partes antiguas (*old*).

3. ☐ La mayoría de los teatros, museos, tiendas, etcétera, se encuentran en el centro.

4. ☐ Es normal que la gente esté en las calles hasta muy tarde.

5. ☐ Hay metro (*subway*).

6. ☐ Hay mucha vida cultural.

7. ☐ Es normal que la gente camine en vez de (*instead of*) usar el coche.

Now resume listening.

**Paso 2.** Pause and check the statements that are true, according to the passage.

1. ☐ Clara nació en Madrid.

2. ☐ Madrid es una ciudad cosmopolita.

3. ☐ Si uno vive en Madrid, es absolutamente necesario tener coche.

4. ☐ En Madrid, es normal que la gente esté en las calles hasta muy tarde.

5. ☐ Es común que mucha gente viva en el centro de la ciudad.

6. ☐ La mayoría de las actividades culturales se encuentran en el centro.

# Paso 2 Gramática

## ■ 36. Expressing Feelings • Use of the Subjunctive: Emotion

**A. Comentarios de Miguel Ángel.** Escriba oraciones completas según el modelo. (Todas tienen que ver con [*have to do with*] la famosa Capilla Sixtina.)

MODELO: es una lástima / no me pagan más → Es una lástima que no me paguen más.

1. me alegro mucho / el Papa (*Pope*) me manda más dinero

_____

2. a los artesanos no les gusta / yo siempre estoy aquí

_____

3. temo mucho / no podemos terminar esta semana

_____

4. es mejor / nadie nos visita durante las horas de trabajo

_____

5. espero / esta es mi obra suprema

_____

**B. Reacciones personales.** Express your personal reaction to the following statements. Begin your reactions with an appropriate form of one of the verbs or phrases below.

es una lástima    me sorprende
es increíble     sentir
esperar

MODELO: Vamos a México este verano. → Espero que vayamos a México este verano.

1. Mis amigos no pueden salir conmigo esta noche.

_____

2. Los boletos para el «show» se han agotado (*have sold out*).

_____

3. No vas nunca al teatro.

_____

4. Sabes dónde está el cine.

_____

5. ¡Las entradas son tan caras!

_____

C. **Sentimientos.** React to the following circumstances by completing the sentences according to the cues. Make any necessary changes. Remember that an infinitive phrase is generally used when there is no change of subject.

MODELOS:   Siento: Uds. / no / poder / venir → Siento que Uds. no puedan venir. (*two clauses*)
Siento: (yo) no / poder / ir → Siento no poder ir. (*infinitive phrase*)

1.  Es una lástima: Juanes / no / cantar / esta noche

_____

_____

2.  Es absurdo: las entradas (*tickets*) / costar / tanto dinero

_____

_____

3.  Es increíble: (tú) no / conocer / novelas / Gabriel García Márquez

_____

_____

4.  Sentimos: (nosotros) no / poder / ayudarlos a Uds.

_____

_____

5.  Me molesta: haber / tanto / personas / que / hablar / durante / función (*performance*)

_____

_____

6.  Me sorprende: ese / programa / ser / tan / popular

_____

_____

**D. Una excursión a México.** Imagine que sus padres van a regalarle un viaje a México por su graduación en la universidad. ¿Qué desea ver y hacer en México? Use **ojalá** y haga todos los cambios necesarios.

MODELO: (nosotros) poder / ver / ruinas / maya → Ojalá que podamos ver las ruinas mayas.

1. (yo) ver / mi / amigos / en / Guadalajara

_____

2. (nosotros) ir / juntos / Mérida

_____

3. (nosotros) llegar / Chichén Itzá / para / celebración / de / solsticio de verano

_____

_____

4. (yo) encontrar / uno / objeto / bonito / artesanía / para / mi / padres

_____

_____

5. (nosotros) tener / suficiente / tiempo / para ver / Museo de Antropología en el D.F.

_____

_____

**E. Minidiálogo: Diego y Lupe escuchan un grupo de mariachis.** You will hear a dialogue in which Diego and Lupe discuss mariachi music. Then you will hear a series of statements. Circle the letter of the person who might have made each statement.

1. **a.** Lupe   **b.** Diego      3. **a.** Lupe   **b.** Diego

2. **a.** Lupe   **b.** Diego      4. **a.** Lupe   **b.** Diego

**F. El día de la función** (*show*). Tell how the following people feel, using the oral and written cues.

MODELO: (*you hear*) el director   (*you see*) temer que / los actores / olvidar sus líneas →
(*you say*) El director teme que los actores olviden sus líneas.

1. esperar que / los actores / no enfermarse
2. temer que / la actriz / estar muy nerviosa
3. temer que / los otros actores / no llegar a tiempo
4. esperar que / la obra / ser buena
5. tener miedo de que / la obra / ser muy larga

**G. Descripción: Esperanzas** (*Hopes*) **y temores** (*fears*). You will hear two questions about each drawing. Answer, based on the drawings and the written cues.

1. sacar (*to get*) malas notas
   (*grades*) / sacar una «A»

2. funcionar su computadora
   /no funcionar su computadora

3. haber regalos para él /
   no haber nada para él

# Paso 3  Gramática

## 37. Expressing Uncertainty • Use of the Subjunctive: Doubt and Denial

**A.  ¿Lo cree o lo duda Ud.?** Vuelva a escribir las oraciones de la derecha, combinándolas con las frases de la izquierda. ¡OJO! No todas las oraciones requieren el subjuntivo.

1. Dudo que...                     A mis amigos les encanta el jazz.

   _____

2. Creo que...                     El museo está abierto los domingos.

   _____

3. No estoy seguro/a de que...      Todos los niños tienen talento artístico.

   _____

4. No es cierto que...              Mi profesora va a los museos todas las semanas.

   _____

5. No creo que...                   Mi profesor siempre expresa su opinión personal.

   _____

**B.  En una librería.** Imagine que Ud. y un amigo están buscando libros en una librería en México. Escriba sus comentarios según el modelo. Empiece sus comentarios con una de las siguientes expresiones.

MODELO: Esta librería tiene las obras completas de Shakespeare. →
*Dudo que* esta librería *tenga* las obras completas de Shakespeare.

(No) Es verdad que...      Es imposible que...      Es probable que...
(No) Creo que...           Dudo que...              (No) Estoy seguro/a de que...

1. A mi profesor le gusta este autor.

   _____

2. Este libro tiene magníficas fotos de las ruinas incaicas.

   _____

3. Las novelas de Gabriel García Márquez se venden aquí.

   _____

4. Esta es la primera edición de esta novela.

   _____

5. No aceptan tarjetas de crédito en esta librería.

   _____

6. Hay mejores precios en otra librería.

   _____

C.  **En el Museo del Prado.** Haga oraciones completas según las indicaciones. Añada (*Add*) palabras cuando sea necesario.

1.  creo que / hoy / (nosotros) ir / visitar / Museo del Prado

    _____

2.  es probable que / (nosotros) llegar / temprano

    _____

3.  estoy seguro/a de que / hay / precios especiales para estudiantes

    _____

4.  es probable que / (nosotros) tener / dejar / nuestro / mochilas / en / entrada del museo

    _____  _____

    _____

5.  dudo que / (nosotros) poder / ver / todo / obras / de Velázquez

    _____

6.  creo que / los guardias / ir / prohibir / que / (nosotros) sacar / fotos

    _____

7.  ¿es posible que / (nosotros) volver / visitar / museo / mañana?

    _____

❖D.  **¿Cierto o falso?**

**Paso 1. Encuesta.** You will hear a series of statements. Tell whether each statement is true or false. Answer, based on your own experience. No answers will be given. The answers you give should be correct for you!

1.  ☐  No es cierto que me encante.          ☐  Es cierto que me encanta.

2.  ☐  No es cierto que lo tenga.            ☐  Es cierto que lo tengo.

3.  ☐  No es cierto que lo prefiera.         ☐  Es cierto que lo prefiero.

4.  ☐  No es cierto que conozca a uno.       ☐  Es cierto que conozco a uno.

5.  ☐  No es cierto que sea aficionado/a.    ☐  Es cierto que soy aficionado/a.

**Paso 2. Para completar.** Now pause and complete the following sentences based on your own preferences.

1.  Es cierto que me encanta(n) _____.

2.  No es cierto que me encante(n) _____.

3.  Es cierto que tengo _____.

4.  No es cierto que tenga _____.

5.  Es cierto que soy aficionado/a al / a la _____.

6.  No es cierto que sea aficionado/a al / a la _____.

Now resume listening.

**E. ¿Qué piensa Ud.?** Imagine that your friend Josefina has made a series of statements. Respond to each, using the written cues. You will hear each one twice. **¡OJO!** You will have to use the indicative in some cases.

> MODELO: (*you hear*) Anita va al teatro esta noche.   (*you see*) No creo que… →
> (*you say*) No creo que Anita vaya al teatro esta noche.

1. No creo que…
2. Dudo que…
3. Es imposible que…
4. Es verdad que…
5. Estoy seguro/a de que…

**F. Observaciones.** You will hear a series of statements about the following drawings. Each will be said twice. React to each statement, according to the model. Begin each answer with **Es verdad que…** or **No es verdad que…**

> MODELO: (*you hear*) Amalia tiene un auto nuevo. →
> (*you say*) No es verdad que Amalia tenga un
> auto nuevo.

1.

2.

3.

4.

5.

# Un poco de todo

**A. ¡Problemas y más problemas!** Los Sres. Castillo son muy conservadores y a veces no están de acuerdo con lo que hacen sus hijos Carlitos, Jaime y Luisa. Exprese esto según el modelo.

MODELO: Jaime fuma delante de ellos. → No les gusta que *fume* delante de ellos.

1. Luisa desea estudiar para ser doctora.

   Les sorprende que _____.

2. Jaime y Luisa vuelven tarde de las fiestas.

   No les gusta que _____.

3. Carlitos juega en la calle con sus amigos.

   Le prohíben a Carlitos que _____.

4. Jaime va de viaje con su novia y otros amigos.

   No les agrada que _____.

5. Luisa busca un apartamento con otra amiga.

   Les molesta que _____.

6. Carlitos quiere ser músico.

   Temen que _____.

7. Los amigos de sus hijos son una influencia positiva.

   Dudan que _____.

**B. Consejos de una madre preocupada.** Complete los consejos de la madre a su hijo con los verbos de la lista. Use una preposición (**a, de, en**) o **que** cuando sea necesario. Use cada verbo sólo una vez.

MODELO: No trates *de limitarte* sólo a la música.

| estar | ganarte | tocar |
|-------|---------|-------|
| estudiar | pensar | tomar |

1. No insistas _____ tantos cursos de música.

2. Hay _____ algo más práctico para ganarse la vida (*earn a living*).

3. Te aconsejo que empieces _____ en la tecnología.

4. No te digo que dejes _____ tu guitarra completamente. Sólo quiero que

   no te olvides de que tienes _____ la vida.

5. Tu papá y yo no vamos _____ aquí contigo siempre.

**C. En un museo.** You will hear a dialogue in which a museum guide explains Pablo Picasso's famous painting, *Guernica,* to some visitors. You will also hear two of the visitors' reactions to the painting. Then you will hear a series of statements. Circle **C, F,** or **ND** (**No lo dice**).

1. C  F  ND     2. C  F  ND     3. C  F  ND     4. C  F  ND

---

Nombre _____ Fecha _____ Clase _____

# Paso 4 Un paso más

## 🎧 Videoteca*

**Entrevista cultural: Bolivia y el Ecuador**

You will hear interviews with Juan Prudencio and Álvaro Montalbán. As you listen, jot down the answers to the following questions. First, pause and read the questions. Check your answers in the Appendix.

| | JUAN | ÁLVARO |
|---|---|---|
| 1. ¿De dónde es? | _____ | _____ |
| 2. ¿Qué hace? | _____ | _____ |
| 3. ¿Qué objeto trae? | _____ | _____ |

Now resume listening.

**Entre amigos: ¿Y qué pintores te gustan?**

**Paso 1.** The four students answer questions about art and arts and crafts. First listen to the first question about artists in their countries and write the letter of each artist next to the corresponding friend's name. The friends are listed in the order in which the question is answered.

1. Tané: _____
2. Rubén: _____
3. Miguel René: _____
4. Karina: _____

a. Andrés Bello
b. Chiguida
c. Camarón de la Lsla
d. Simón Díaz
e. Rómulo Gallegos
f. Frida Kahlo
g. Wilfredo Lam
h. José Martí
i. Pablo Picasso
j. Diego Rivera
k. Jaime Sabines

Now resume listening.

**Paso 2.** Now listen to their answers to the second question about arts and crafts in their countries. As you listen, check the mediums they mention. The names are listed in the order in which the question is answered. First, listen to the list of useful vocabulary.

**Vocabulario útil**

| | | | |
|---|---|---|---|
| las mantillas | shawls | la plata | silver |
| los hilados | yarn, threadwork | el hierro | iron |
| el barro | clay | las fachadas | facades, exteriors |
| la madera | wood | las viviendas | las casas |

| | RUBÉN | MIGUEL RENÉ | KARINA | TANÉ |
|---|---|---|---|---|
| el barro | ☐ | ☐ | ☐ | ☐ |
| la cerámica | ☐ | ☐ | ☐ | ☐ |
| el coral negro | ☐ | ☐ | ☐ | ☐ |
| las fachadas | ☐ | ☐ | ☐ | ☐ |
| el hierro | ☐ | ☐ | ☐ | ☐ |
| los hilados | ☐ | ☐ | ☐ | ☐ |
| la madera | ☐ | ☐ | ☐ | ☐ |
| las mantillas | ☐ | ☐ | ☐ | ☐ |
| la plata | ☐ | ☐ | ☐ | ☐ |
| los textiles | ☐ | ☐ | ☐ | ☐ |

*These **Videoteca** videoclips are available on the Video on CD to accompany ¿Qué tal?, Seventh Edition.

# Enfoque cultural: Bolivia y el Ecuador

Conteste brevemente las siguientes preguntas.

1. ¿De qué imperio formó parte Bolivia? _____

2. ¿Qué porcentaje de los bolivianos es de origen indio? _____

3. ¿De qué héroe de la independencia proviene (comes) el nombre de la república boliviana?

   _____

4. ¿Cuál es la capital más alta del mundo? _____

5. ¿A qué país pertenecen las Islas Galápagos? _____

6. ¿Qué científico usó sus investigaciones en las islas como base para su libro *El origen de las*
   *especies*? _____

7. ¿Qué pintor nos da un testimonio de la vida de los indios y los pobres de su país? _____

# ¡Repasemos!

A. **Hablando de aprender francés.** Form complete sentences, using the words provided in the order given. Make any necessary changes, and add other words when necessary.

1. si / (tú) querer / aprender / hablar / francés, / (tú) deber / practicar más

   _____

   _____

2. profesor / dudar / que / (nosotros) poder / hablar bien / antes / terminar / tercero / año

   _____

   _____

3. profesor Larousse / insistir (*pres.*) / que / (nosotros) empezar / estudiar más / / (yo) tener / ir / laboratorio / todo / días

   _____

   _____

4. ¿es cierto / que / (tú) pensar / tomar / quinto / semestre / francés?

   _____

5. ¡ahora / (yo) querer / olvidarse / de / estudios / y / de / universidad!

   _____

**B. La antropología y la cultura.** Lea la inscripción que se encuentra en la entrada del Museo de Antropología de la Ciudad de México. Luego complete las oraciones que siguen.

> El hombre creador[a] de la cultura ha dejado[b] sus huellas[c] en todos los lugares por donde ha pasado.[d] La antropología, ciencia del hombre que investiga e interpreta esas huellas... nos enseña la evolución biológica del hombre, sus características y su lucha por el dominio de la naturaleza.[e] Las cuatro ramas[f] de esa ciencia única —antropología física, lingüística, arqueología y etnología— nos dicen que... todos los hombres tienen la misma capacidad para enfrentarse a[g] la naturaleza, que todas las razas son iguales, que todas las culturas son respetables y que todos los pueblos[h] pueden vivir en paz.
>
> [a]creator  [b]ha... has left  [c]traces  [d]ha... he has passed  [e]nature  [f]branches  [g]enfrentarse... confront  [h]peoples

Según esta inscripción...

1. el antropólogo investiga e _____ la cultura del hombre.

2. todos los hombres tienen _____ para enfrentarse a la naturaleza.

3. todas las razas son _____.

4. todas las culturas son _____.

5. todos los pueblos pueden _____.

**C. *Listening Passage:* Primeras impresiones**

**Antes de escuchar.** You will hear a passage in which a person who is now living in this country tells about her first impressions of people in the United States. The following words and phrases appear in the passage.

| | | | |
|---|---|---|---|
| las amistades | los amigos | echo de menos | *I miss* |
| aumentó | *increased* | el pueblo | *people* |
| judía | *Jewish* | demuestra | *shows* |
| para que yo pudiera | *so that I could* | nos besamos | *we kiss each other* |
| maravillosa | *marvelous, wonderful* | (nos) abrazamos | *we hug (each other)* |
| para que yo tuviera | *so that I would have* | | |

*Listening Passage.* Here is the passage. First, listen to it to get a general idea of the content. Then go back and listen again for specific information.

**Después de escuchar.** Circle the best answer to each of the following questions. ¡OJO! There may be more than one answer for some items.

1. Es probable que la persona que habla sea de...

   a. España.   b. los Estados Unidos.   c. Latinoamérica.   d. Nueva York.

2. Al principio (*beginning*), esta persona pensaba que los estadounidenses eran...

   a. abiertos.   b. perezosos.   c. fríos.   d. contentos.

3. La amiga que invitó a esta persona a su casa era...

   a. protestante.   b. judía.   c. ateísta.   d. católica.

**4.** Antes de visitar a la familia de Abi, la narradora...

    **a.** no conocía Nueva York.

    **b.** compró regalos.

    **c.** pasaba la Navidad con su familia.

    **d.** no sabía mucho de las tradiciones judías.

**5.** La familia de Abi no entendía...

    **a.** español.

    **b.** la tradición de Navidad.

    **c.** por qué se dan regalos el seis de enero.

    **d.** por qué la narradora no tenía muchos amigos.

**6.** Ahora, la estudiante hispánica piensa que...

    **a.** los estadounidenses son gente fría.

    **b.** los estadounidenses no se besan lo suficiente.

    **c.** los estadounidenses no saben nada de las tradiciones hispánicas.

    **d.** los estadounidenses demuestran el cariño de una manera distinta de la de los hispanos.

Now resume listening.

 ❖**D. Entrevista.** You will hear a series of questions. Each will be said twice. Answer, based on your own experience. Pause and write the answers.

    1. _____

    2. _____

    3. _____

    4. _____

    5. _____

    6. _____

## ❖■ Mi diario

Describa una experiencia cultural que Ud. tuvo. Por ejemplo, una visita a un museo, una galería de arte, un teatro o incluso (*even*) un recital de poesía o un concierto de música. Mencione dónde y cuándo fue, qué vio u oyó y cómo le afectó. Al final, mencione si le gustaría (o no) repetir esa experiencia, y por qué.

# Póngase a prueba

## A ver si sabe...

**A. Use of the Subjunctive: Emotion.** Cambie los infinitivos a la forma apropiada del subjuntivo.

1. Espero que _____ (*tú:* **llegar**) temprano.

2. Me alegro de que Uds. _____ (**estar**) aquí.

3. Es extraño que nosotros no _____ (**ver**) a nadie.

4. Esperamos que Uds. _____ (**poder**) descansar luego.

5. Ojalá que nosotros _____ (**salir**) a tiempo.

6. Ojalá que los chicos no _____ (**aburrirse**) en el concierto.

**B. Use of the Subjunctive: Doubt and Denial.** Escriba la forma apropiada del verbo: presente de indicativo o de subjuntivo.

1. Dudo que la obra _____ (**ser**) de Rivera.

2. Creo que _____ (**ser**) de Siqueiros.

3. No creo que _____ (*tú:* **saber**) apreciar el arte moderno.

4. ¿Cómo es posible que a la gente le _____ (**gustar**) este tipo de arte?

5. Es verdad que muchos _____ (**decir**) que el arte moderno es incomprensible, pero a mí me gusta.

## Prueba corta

**A. El concierto.** Escriba oraciones completas según las indicaciones. Haga todos los cambios necesarios.

1. Me alegro: Uds. / ir / con nosotros / al concierto

   _____

2. Es una lástima: Juan / no poder / acompañarnos

   _____

3. Es probable: Julia / no / llegar / a tiempo // acabar / llamar / para decir / que / tener / trabajar

   _____

   _____

4. Ojalá: (tú) conseguir / butacas (*seats*) / cerca / orquesta

   _____

5. Es cierto: Ceci y Joaquín / no / ir / sentarse / con nosotros

_____

_____

6. Me sorprende: otro / músicos / no estar / aquí / todavía

_____

_____

7. Es extraño: nadie / saber / quién / ser / nuevo / director (_conductor_)

_____

_____

**B. Los números ordinales.** Escriba la forma apropiada del número ordinal indicado.

1. el _____ (_third_) hombre

2. la _____ (_first_) vez

3. su _____ (_second_) novela

4. el _____ (_seventh_) día

5. el _____ (_fifth_) grado

**C. Apuntes.** You will hear a brief paragraph that tells about a new museum that is opening soon. Listen carefully and, while listening, write the information requested. Write all numbers as numerals. First, listen to the requested information. (Check your answers in the Appendix.)

El nombre del museo: _____

El tipo de arte que se va a exhibir: _____

La fecha en que se va a abrir el museo: _____

El nombre del director del museo: _____

La hora de la recepción: _____

¿Es necesario hacer reservaciones? _____

¿Va a ser posible hablar con algunos de los artistas? _____

**D. Cosas de todos los días: Se buscan bailarines.** Practice talking about dance director Joaquín Cortés's search for new dancers for his dance troupe, using the written cues. When you hear the corresponding number, form sentences using the words provided in the order given, making any necessary changes or additions. ¡OJO! You will need to make changes to adjectives and add articles, if appropriate.

MODELO: (_you see_) **1.** Joaquín / insistir en / que / bailarines / tener / mucho / experiencia
(_you hear_) uno →
(_you say_) Joaquín _insiste_ en que _los_ bailarines _tengan mucha_ experiencia.

2. él / querer / que / bailarines / ser / atlético
3. también / ser / necesario / que / (ellos) saber / cantar / música / flamenco
4. es cierto / que / Joaquín / ser / muy / exigente
5. Joaquín / temer / que / no / poder / encontrarlos / pronto
6. ¡ojalá / que / bailarines / desempeñar / bien / papeles!

CAPÍTULO **14**

# Paso 1 Vocabulario

## La naturaleza y el medio ambiente

❖**A. Ud. y el medio ambiente.** ¿Qué hace Ud. para proteger los recursos naturales y el medio ambiente?

|  | SÍ | NO |
|---|---|---|
| 1. Reciclo papel. | ☐ | ☐ |
| 2. Reciclo botellas y latas (*cans*) de aluminio. | ☐ | ☐ |
| 3. Cierro el grifo (*tap*) cuando me cepillo los dientes. | ☐ | ☐ |
| 4. Trato de limitar mis duchas a tres minutos. | ☐ | ☐ |
| 5. Camino o voy en bicicleta a la universidad. | ☐ | ☐ |
| 6. Uso un transporte colectivo (*carpool*) cuando es posible. | ☐ | ☐ |
| 7. Llevo mi propia bolsa al mercado para no usar bolsas de plástico o papel. | ☐ | ☐ |
| 8. Dono (*I donate*) dinero a la protección de las ballenas y otras especies en peligro de extinción. | ☐ | ☐ |

**B. ¿La ciudad o el campo?** A Guillermo le parece que la vida en la ciudad causa muchos problemas. Por eso se ha mudado (*he has moved*) al campo. Para él es un lugar casi ideal. Complete las opiniones de Guillermo con la forma apropiada de las palabras de la lista.

| | | | |
|---|---|---|---|
| bello | escasez | población | ritmo |
| desarrollar | fábrica | proteger | transporte |
| destruir | medio ambiente | puro | |

1. A mí me gusta el campo. Aquí en mi finca el aire es más _____ y la naturaleza más _____.

2. El gran número de personas, de coches y de _____ en los centros urbanos contamina el _____.

3. Prefiero el _____ de vida tranquilo del campo a la vida agitada de la ciudad.

4. La _____ de viviendas adecuadas para los pobres es un problema serio en las ciudades. Casi siempre hay más violencia en los barrios de _____ densa.

5. Los _____ públicos en la ciudad no son muy buenos; los trenes llegan atrasados y se necesitan más autobuses.

6. Cada año, en la ciudad se _____ edificios históricos para construir más rascacielos.

7. Es importante que cada generación _____ los recursos naturales para que no se acaben. Al mismo tiempo es necesario buscar y _____ nuevos métodos de energía.

**C. El reciclaje.** Lea el siguiente anuncio público y conteste las preguntas.

**Palabras útiles**

aparecer (*to appear*)                                  impresas (*printed*)
el aporte (la contribución)                        perdurar (*to last a long time*)

1. ¿Cuánto papel de periódicos fue reciclado en los Estados Unidos el año pasado?

_____

_____

2. Según este anuncio, ¿cómo podemos contribuir a la preservación del medio ambiente?

ESTAMOS INTERESADOS EN LAS NOTICIAS DE AYER.

Las noticias aparecen un día y desaparecen al siguiente. Pero el papel en que están impresas puede y debe perdurar.

El año pasado más de la tercera parte del papel de periódicos de los E.U. fue reciclado. Y esa proporción aumenta cada día.

Reciclar es la única forma de hacer nuestro aporte a la conservación del medio ambiente.

Lea y recicle.

_____

_____

❖**D. En mi ciudad.** ¿Cómo es su vida en la ciudad donde reside? Lea las siguientes declaraciones e indique si son ciertas o falsas para Ud.

1. C   F   En mi ciudad tengo miedo de salir a la calle por la noche porque hay muchos crímenes y violencia.

2. C   F   La falta de viviendas adecuadas para la gente de pocos recursos económicos es un problema.

3. C   F   El transporte público (los trenes y/o autobuses) es malo.

4. C   F   No hay muchos árboles o zonas verdes en mi ciudad.

5. C   F   Constantemente se construyen nuevos centros comerciales.

**E. Los animales**

**Paso 1. Descripción.** Identify the following animals when you hear the corresponding number. Begin each sentence with **Es un...** , **Es una...** , or **Son...**

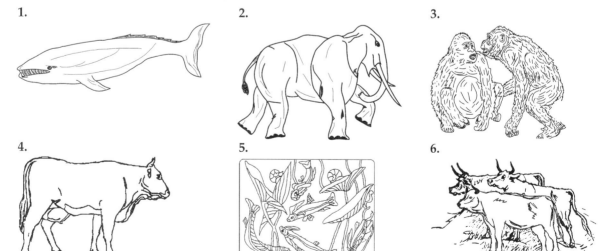

1.

2.

3.

4.

5.

6.

**Paso 2. Preguntas.** You will hear a series of questions. Each will be said twice. Answer using the animals depicted in the drawings in **Paso 1.**

1.   ...   2.   ...   3.   ...   4.   ...

# Los coches

❖**A.** **Los coches y Ud.** ¿Qué tipo de conductor(a) es Ud.? Si Ud. no maneja, evalúe (*evaluate*) los hábitos de otra persona.

☐ Me evalúo a mí mismo/a. ☐ Evalúo a _____.

1. C   F   Siempre llevo mi licencia de manejar cuando conduzco.

2. C   F   Sé cambiar una llanta desinflada (*flat*).

3. C   F   Sé cambiarle el aceite a un coche.

4. C   F   Cuando llego a un semáforo en amarillo, paro el coche.

5. C   F   Si llego a una esquina y no estoy seguro/a por dónde ir, sigo todo derecho, sin preguntar.

6. C   F   Reviso el aceite y la batería una vez por mes.

7. C   F   Nunca me han puesto una multa (*I've never gotten a ticket*) por infracciones de tránsito.

8. C   F   Tampoco me han puesto ninguna multa por estacionarme en zonas prohibidas.

**B.** **Necesito un servicio completo.** Tell the attendant to perform the necessary service on the indicated parts of your car. Refer to the two lists if necessary.

| | |
|---|---|
| arreglar | aceite |
| cambiar | batería |
| lavar | coche |
| limpiar | frenos |
| llenar | llanta |
| revisar | parabrisas |
| | tanque |

MODELO: **1.** Lave el coche, por favor.

2. _____

3. _____

4. _____

5. _____

6. _____

7. _____

**C. Consejos.** Déle consejos a un amigo que acaba de recibir su licencia de manejar. Llene los espacios con la forma apropiada de las palabras de la lista.

| | | | | |
|---|---|---|---|---|
| arrancar | chocar | doblar | gastar | parar |
| autopista | circulación | estacionar | licencia | seguir |
| carretera | conducir | funcionar | manejar | semáforo |

1. Es muy peligroso _____ si los frenos no _____ bien porque es difícil _____ el coche.

2. Si necesitas un buen taller, tienes que _____ a la izquierda y luego _____ todo derecho hasta llegar a la gasolinera Yáñez. Allí los mecánicos son honrados y atentos.

3. Es mejor comprar un coche pequeño; es más económico porque _____ poca gasolina.

4. Se prohíbe _____ el coche en esta calle durante las horas de trabajo.

5. No manejes sin _____ porque es ilegal.

6. Si la batería no está cargada (*charged*), tu coche no va a _____.

7. ¡Cuidado! Si _____ en el lado izquierdo de la _____, vas a _____ con alguien.

8. Debes ir por la Segunda Avenida; allí la _____ es más rápida y no hay tantos _____ para controlar el tráfico.

9. En muchas _____ la velocidad máxima es ahora de 70 millas por hora. No debes manejar más rápido.

**D. Definiciones: Hablando de coches.** You will hear a series of statements. Each will be said twice. Circle the letter of the word that is best defined by each.

1. **a.** la batería      **b.** la gasolina      **c.** la licencia

2. **a.** la licencia      **b.** el camino      **c.** el taller

3. **a.** el parabrisas      **b.** los frenos      **c.** el semáforo

4. **a.** la esquina      **b.** la carretera      **c.** la llanta

5. **a.** el accidente      **b.** el aceite      **c.** el taller

**E. Un accidente**

**Paso 1.** Identify the following items when you hear the corresponding number. Begin each sentence with **Es un...** , **Es una...** , or **Son...**

**Paso 2.** Now you will hear a series of statements about the preceding drawing. Circle **C** or **F.**

    **1.** C F    **2.** C F    **3.** C F    **4.** C F    **5.** C F    **6.** C F

**F.  Gustos y preferencias.** You will hear descriptions of two people, Nicolás and Susana. Then you will hear a series of statements. Write the number of each statement next to the name of the person who might have made it.

      Nicolás: _____

      Susana: _____

# Pronunciación y ortografía: More Cognate Practice

**A.  Repeticiones.** You were introduced to cognates in **Primeros pasos** of *¿Qué tal?* As you know, English and Spanish cognates do not always share the same pronunciation or spelling. Listen to the following pairs of cognates, paying close attention to the differences in spelling and pronunciation.

      *chemical* / químico     *affirm* / afirmar     *national* / nacional

Read the following cognates when you hear the corresponding number. Remember to repeat the correct pronunciation.

    **1.**  correcto
    **2.**  anual
    **3.**  teoría
    **4.**  alianza

    **5.**  físico
    **6.**  teléfono
    **7.**  patético
    **8.**  intención

**B. Dictado.** You will hear the following words. Each will be said twice. Listen carefully and write the missing letters.

1. _____os_____ato

2. a_____ención

3. a_____oníaco

4. _____eología

5. o_____osición

6. _____otogra_____ía

7. co_____e_____ión

8. ar_____itecta

## Los hispanos hablan: En tu opinión, ¿cuáles son las semejanzas y diferencias más grandes entre las ciudades hispánicas y las norteamericanas?

You will hear excerpts from several answers to this question. After you listen, pause and check the appropriate boxes to describe Hispanic and U.S. cities. The following words and phrases appear in the answers.

| | |
|---|---|
| recorrer un gran trecho | *to travel a great distance* |
| no hace falta | no es necesario |
| las fuentes | *fountains* |
| como no sea | *unless it is* (*unless we are talking about*) |
| a la par de | al lado de |
| seguro | *safe* |

| | LAS CIUDADES HISPÁNICAS | LAS CIUDADES NORTEAMERICANAS |
|---|:---:|:---:|
| 1. Son muy grandes. | ☐ | ☐ |
| 2. Están contaminadas. | ☐ | ☐ |
| 3. Tienen más vida. | ☐ | ☐ |
| 4. Son menos seguras. | ☐ | ☐ |
| 5. La gente vive en la ciudad misma (*proper*). | ☐ | ☐ |
| 6. Las tiendas están en las vecindades. | ☐ | ☐ |
| 7. Hay más árboles, vegetación y parques. | ☐ | ☐ |

# Paso 2  Gramática

## 38. Más descripciones • Past Participle Used as an Adjective

A. **Problemas del medio ambiente.** ¿Cuánto sabe Ud. de los problemas del medio ambiente?

1.  C  F  El agua de muchos ríos está contaminada.

2.  C  F  La capa de ozono (*ozone layer*) está completamente destruida.

3.  C  F  Hay algunas especies de pájaros que no están protegidas.

4.  C  F  El agujero (*hole*) de ozono sobre el Polo Sur está creciendo (*growing*).

5.  C  F  Los problemas para proteger los recursos naturales ya están resueltos.

B. **Los participios pasados.** Escriba el participio pasado.

1.  salir _____
2.  correr _____
3.  abrir _____
4.  romper _____
5.  decir _____
6.  morir _____
7.  ver _____
8.  volver _____
9.  preparar _____
10. poner _____

C. **Preparativos para una fiesta.** Imagine que Ud. va a dar una fiesta esta noche.

MODELO:  planes / hacer → Los planes están hechos.

1.  invitaciones / escribir _____
2.  comida / preparar _____
3.  muebles / sacudir _____
4.  mesa / poner _____
5.  limpieza (*cleaning*) / hacer _____
6.  ¡yo / morir de cansancio (*dead tired*)! _____
7.  puerta / abrir _____

D. **Definiciones.** You will hear a series of definitions. Each will be said twice. Circle the answer that best matches each definition. ¡OJO! There may be more than one answer for some items.

1.  a.  el agua       b.  el aire       c.  la batería
2.  a.  Stephen King  b.  Descartes     c.  John Grisham
3.  a.  la mano       b.  los ojos      c.  la ventana
4.  a.  el papel      b.  el pie        c.  la computadora

**E. Descripción.** Which picture is best described by the sentences you hear? You will hear each sentence twice.

**Vocabulario útil:** colgar *to hang up*    enchufar *to plug in*

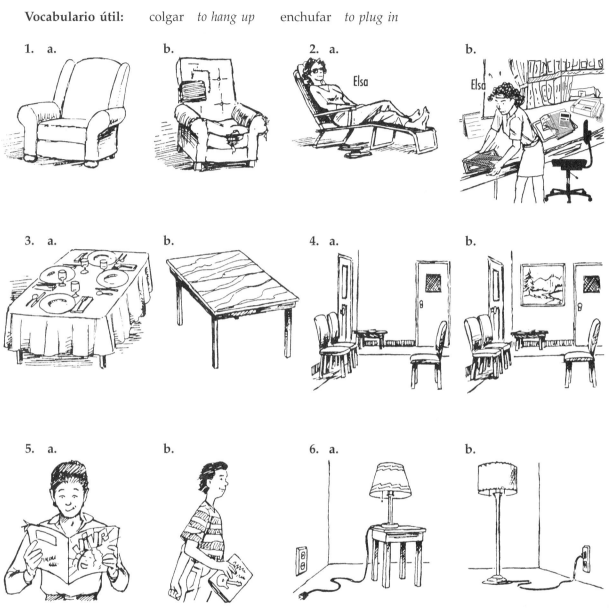

1. a.    b.

2. a.    Elsa    b.    Elsa

3. a.    b.

4. a.    b.

5. a.    b.

6. a.    b.

**F. Consecuencias lógicas.** You will hear a series of sentences that describe actions. Respond to each sentence, telling the probable outcome of the action.

MODELO: (*you hear*) Escribí la composición. → (*you say*) Ahora la composición está escrita.

1. ...  2. ...  3. ...  4. ...  5. ...

# Paso 3 Gramática

### 39. ¿Qué has hecho? • Perfect Forms: Present Perfect Indicative and Present Perfect Subjunctive

**A. ¿Qué han hecho?** ¿Qué han hecho estas personas para ser famosas? Siga el modelo.

MODELO: David Letterman: (**ser**) → *Ha sido* comediante por muchos años.

1. Stephen King _____ (**escribir**) muchos libros de horror.

2. Bill Gates _____ (**dar**) millones de dólares a programas de caridad (*charity*).

3. Óscar de la Hoya _____ (**ganar**) varias peleas (*fights*).

4. El presidente _____ (**decir**) que vamos a ganar la lucha contra el terrorismo.

5. Woody Allen _____ (**dirigir**) más de treinta películas.

6. Dan Brown _____ (**hacerse:** [*to become*]) famoso con su novela *El código Da Vinci*.

**B. ¿Qué has hecho últimamente?** Write the questions you would use to ask a friend if he or she has done any of the following things lately (**últimamente**).

MODELO: ir al cine → *¿Has ido* al cine últimamente?

1. tener un accidente _____

2. acostarte tarde _____

3. hacer un viaje a México _____

4. ver una buena película _____

5. volver a ver al médico _____

6. romper un espejo (*mirror*) _____

**C. Las sugerencias de Raúl.** Imagine que Tina lo/la llama a Ud. por teléfono para decirle lo que su amigo Raúl quiere que Ud. haga. Use complementos pronominales cuando sea posible. Siga el modelo.

MODELO: (arreglar el coche) → TINA:   Raúl quiere que arregles el coche.
UD.:   Ya lo he arreglado.

1. (ir al centro)        TINA:   _____

   UD.:   _____

2. (hacer las        TINA:   _____
   compras)
   UD.:   _____

3. (abrir las        TINA:   _____
   ventanas)
   UD.:   _____

4. (darle la dirección    TINA:   _____
   de Bernardo)
   UD.:   _____

5. (escribir el informe)   TINA:   _____

   UD.:   _____

**D. Las noticias.** When your friend tells you the latest news, respond with an appropriate comment, using the cues provided. Use the present perfect subjunctive of the verbs in italics. Use object pronouns to avoid unnecessary repetition.

1. Por fin *terminaron* de arreglar la autopista 91. (Me alegro de) _____

    _____ .

2. *Construyeron* otro rascacielos en el centro. (Es increíble) _____

    _____ .

3. *Plantaron* veinte árboles en el parque. (Es bueno) _____

    _____ .

4. Nuestro mejor amigo *se fue* a vivir al campo. (Es una lástima) _____

    _____ .

5. Su esposa *consiguió* un buen trabajo. (¡Qué bueno!) _____

    _____ .

❖**E. ¿Y Ud.?** Ahora escriba las tres cosas más interesantes que Ud. ha hecho en su vida. Use el presente perfecto de indicativo.

1. _____

2. _____

3. _____

**F. Minidiálogo: Una llanta desinflada.** You will hear a dialogue in which Lola and Manolo experience car trouble. Then you will hear a series of statements. Circle **C, F,** or **ND** (**No lo dice**).

1. C   F   ND          3. C   F   ND          5. C   F   ND

2. C   F   ND          4. C   F   ND

**G. ¿Qué ha pasado ya?** You will hear a series of sentences. Each will be said twice. Circle the letter of the subject of the verb in each sentence.

1. **a.** yo          **b.** ella          4. **a.** nosotros          **b.** yo

2. **a.** él          **b.** nosotros          5. **a.** ellos          **b.** él

3. **a.** nosotros          **b.** tú

**H. ¿Qué hemos hecho hoy?** Form new sentences, using the oral and written cues. Use the present perfect indicative of the verbs.

1. despertarse          3. vestirse          5. salir para la oficina
2. hacer las camas          4. desayunar          6. llevar el auto a la gasolinera

**I. ¿Te puedo ayudar?** Imagine that you have a lot to do before a dinner party, and your friend Ernesto wants to know if he can help. You appreciate his offer, but you have already done the things he asks about. You will hear each of his questions twice. Answer them according to the model.

MODELO: (*you hear*) ¿Quieres que llame a los Sres. Moreno? →
(*you say*) No, gracias, ya los he llamado.

1. ...   2. ...   3. ...   4. ...   5. ...

**J.  Un caso de contaminación ambiental.** Imagine that a case of environmental pollution was discovered earlier this year in your community. Using the oral and written cues, form sentences that express what the residents have said about the incident. Follow the model.

> MODELO: (*you see*) ya estudiar el problema   (*you hear*) es probable →
> (*you say*) Es probable que ya hayan estudiado el problema.

1. todavía no avisar (*to notify*) a todos los habitantes de la ciudad
2. ya consultar con los expertos
3. encontrar la solución todavía
4. proteger los animales de la zona

---

# Nota comunicativa: Talking About What You Had Done

**Antes de 2004.** ¿Qué cosas había hecho —o *no* había hecho— Ud. antes de 2004? Dé oraciones nuevas según las indicaciones.

> MODELO: (nunca) pensar en... → Antes de 2004 (nunca) había pensado seriamente en el futuro.

1. (nunca) tener _____

2. (nunca) aprender a _____

3. (nunca) escribir _____

4. (nunca) hacer un viaje a _____

5. (nunca) estar en _____

---

# Un poco de todo

**A.  Una artista preocupada por el medio ambiente.** Complete la siguiente selección con la forma apropiada de las palabras entre paréntesis.

No sólo los científicos[a] sino[b] también los artistas están _____[1] (**preocupar**) por los

_____[2] (**diverso**) aspectos del medio ambiente en Latinoamérica.

La pintora _____[3] (**puertorriqueño**) Betsy Padín muestra _____[4]

(**este**) preocupación en sus cuadros. En una entrevista _____[5] (**hacer**) en San Juan,

Puerto Rico, nos ha _____[6] (**decir**) que ella ha _____[7] (**pintar**)

una serie[c] de cuadros sobre las urbanizaciones puertorriqueñas actuales.

En estos cuadros, Padín ha _____[8] (**incluir**) imágenes de edificios

_____[9] (**construir**) con bloques de cemento, edificios que ella llama «ruinas del

futuro». Ella se ha _____[10] (**inspirar**) en sus visitas a las ruinas mayas e incaicas.

También, motivada por su preocupación por el medio ambiente, ha _____[11]

(**tratar**) de preservar en sus pinturas los campos _____[12] (**verde**), los árboles

retorcidos[d] y las costas solitarias _____[13] (**cubrir**) de enormes rocas.

[a]*scientists*  [b]*but*  [c]*series*  [d]*twisted*

**B.  ¿Qué han hecho estas personas?** Use los verbos indicados para describir la situación que se presenta en cada dibujo. En la oración **a** use el presente perfecto de indicativo, y en la oración **b** comente Ud. la situación, usando el presente perfecto de indicativo o de subjuntivo, según el significado.

MODELO:  **a.**  comer → El niño ha comido mucho.
**b.**  probable **/** tener hambre →
Es probable que haya tenido
mucha hambre.

**1.**      **2.**      **3.**

**1.**  **a.**  escribirle **/** novio _____

     **b.**  posible **/** no verlo **/** mucho tiempo _____

**2.**  **a.**  volver **/** de un viaje _____

     **b.**  pensar **/** perder **/** llave _____

**3.**  **a.**  acabársele **/** cigarrillos _____

     **b.**  lástima **/** fumar **/** tanto _____

**4.**      **5.**      **6.**

**4.**  **a.**  comer **/** restaurante **/** elegante _____

     **b.**  posible **/** no **/** traer **/** bastante **/** dinero _____

**5.**  **a.**  llamar **/** la policía _____

     **b.**  terrible **/** robarle **/** cartera _____

**6.**  **a.**  romperse **/** pierna _____

     **b.**  posible **/** caerse por **/** escalera _____

# Paso 4 Un paso más

## Videoteca*

**Entrevista cultural: La Argentina**

You will hear an interview with Natalia de Ángelo. After listening, pause and circle **C** if the statement is true or **F** if the statement is false. First, pause and read the statements.

1. C F Natalia es boliviana.

2. C F Natalia dice que los estudiantes se preocupan por el medio ambiente.

3. C F Ella pertenece (*belongs*) a una sociedad para proteger la biodiversidad de la Patagonia.

4. C F La Patagonia está al norte del país.

5. C F El mate es algo que se come.

6. C F El mate es solamente para el desayuno.

Now resume listening.

**Entre amigos: Nuestro pequeño grano de arena**

The four students are being asked about transportation. Listen to the questions and answers. After listening, circle **C** if the statement is true or **F** if it is false. First, pause and read the following statements.

1. C F Todos los estudiantes mencionan que usan el metro (*subway system*).

2. C F Todos los estudiantes tienen carro.

3. C F Uno de los estudiantes no tiene licencia de manejar.

4. C F Todos los estudiantes han tenido un accidente.

Now resume listening.

## Enfoque cultural: La Argentina

Conteste brevemente las siguientes preguntas.

1. ¿Durante qué siglos tuvo lugar la inmigración de muchos europeos a la Argentina? _____

   _____

2. ¿Por qué se quedaron muchos inmigrantes en Buenos Aires en vez de ir a la Pampa? _____

   _____

3. ¿Qué porcentaje de la población actual vive en la capital? _____

4. ¿Por qué es muy importante la ciudad de Buenos Aires en la vida de la Argentina? _____

   _____

5. ¿A quiénes se les llama «porteños»? _____

_____

*These **Videoteca** videoclips are available on the Video on CD to accompany *¿Qué tal?*, Seventh Edition.

## ❖ ■ ¡Repasemos!

**A. Marcelo.** Cambie los verbos en cursivas (*italics*) al pasado, usando el pretérito, el imperfecto o el pluscuamperfecto (*past perfect*). Lea toda la narración antes de empezar a escribir. La primera oración ya se ha hecho.

Durante la Segunda Guerra Mundial, Marcelo *es*[1] estudiante interno[a] en Bélgica.[b] Cuando *se anuncia*[2] que los alemanes *han cruzado*[3] la frontera, él y dieciséis otros jóvenes *se escapan*[4] en bicicleta en dirección a Francia. *Viajan*[5] principalmente de noche y por fin *llegan*[6] a París, donde él *tiene*[7] que abandonar su bicicleta. En París *toma*[8] un tren para el sur del país, con muchísima otra gente que *ha venido*[9] del norte. Marcelo *pasa*[10] casi tres años en un pueblo pequeño de la costa mediterránea hasta que *puede*[11] regresar a Bélgica, donde *empieza*[12] a buscar a sus padres, que *están*[13] entre los muchos que *han desaparecido*[14] durante la ocupación alemana. Aunque mucha gente *muere*[15] sin dejar rastro,[c] él *tiene*[16] la suerte de encontrar vivos a sus padres, quienes *piensan*[17] que Marcelo *ha desaparecido*[18] para siempre.

[a]*boarding*   [b]*Belgium*   [c]*a trace*

1. __era_____
2. _____
3. _____
4. _____
5. _____
6. _____
7. _____
8. _____
9. _____
10. _____
11. _____
12. _____
13. _____
14. _____
15. _____
16. _____
17. _____
18. _____

**B.** *Listening Passage:* **Los coches**

**Antes de escuchar.** You will hear a passage about the types of cars driven in the Hispanic world. The following words appear in the passage.

| | |
|---|---|
| la molestia | *bother* |
| la ayuda | *something helpful* |
| la clase media-baja | *lower middle class* |

*Listening Passage.* Here is the passage. First, listen to it to get a general idea of the content. Then go back and listen again for specific information.

**Después de escuchar.** Read the following statements. Circle **C** or **F.** Correct the statements that are false, according to the passage.

1. C F Las personas que viven en los países hispanos no están acostumbradas a conducir.

   _____

2. C F Hay muchos autos japoneses y estadounidenses en España.

   _____

3. C F No se venden marcas europeas en Latinoamérica.

   _____

4. C F El precio de la gasolina es comparable en España y en los Estados Unidos.

   _____

5. C F En México, es posible encontrar marcas que ya no se fabrican en otras partes del mundo.

   _____

Now resume listening.

**C. Entrevista.** You will hear a series of questions. Each will be said twice. Answer, based on your own experience. Pause and write the answers.

1. _____
2. _____
3. _____
4. _____
5. _____
6. _____
7. _____
8. _____

## Mi diario

En este capítulo Ud. ya ha escrito las tres cosas más interesantes que ha hecho en su vida. Ahora describa con detalles una de estas cosas. O, si prefiere, puede describir cualquier (*any*) incidente, bueno o malo, que haya tenido importancia en su vida. Mencione:

- cuándo ocurrió
- dónde estaba Ud.
- con quién(es) estaba
- por qué estaba Ud. allí
- lo que pasó

Incluya todos los detalles interesantes que pueda. Al final, describa las consecuencias que esta experiencia ha tenido en su vida.

# Póngase a prueba

## A ver si sabe...

### A. Past Participle Used As an Adjective

1. Escriba el participio pasado de los siguientes verbos.

   a. decir _____

   b. ir _____

   c. leer _____

   d. poner _____

   e. romper _____

   f. ver _____

2. Cambie el infinitivo a la forma apropiada del participio pasado.

   a. las puertas _____ (**cerrar**)

   b. el libro _____ (**abrir**)

   c. la tarea _____ (**hacer**)

   d. los problemas _____ (**resolver**)

### B. Present Perfect Indicative and Present Perfect Subjunctive. Complete la tabla.

| INFINITIVO | PRESENTE PERFECTO (INDICATIVO) | PRESENTE PERFECTO (SUBJUNTIVO) |
|---|---|---|
| *yo:* **cantar** | he cantado | que |
| *tú:* **conducir** | | que hayas conducido |
| *nosotros:* **decir** | | que |
| *Uds:* **tener** | | que |

C. **Past Perfect.** Change the verbs from the present perfect indicative to the past perfect indicative.

    MODELO: Nos *hemos divertido.* → Nos habíamos divertido.

    **1.** Me *he roto* la pierna.           Me _____ la pierna.

    **2.** *Han contaminado* el agua.       _____ el agua.

    **3.** Luis *ha hecho* investigaciones.     Luis _____ investigaciones.

    **4.** *Hemos descubierto* la verdad.     _____ la verdad.

# ■ Prueba corta

A. **Adjetivos.** Escriba la forma adjetival del participio pasado para cada sustantivo.

    MODELO: pájaros / proteger → los pájaros protegidos

    **1.** fábricas / destruir _____

    **2.** luces / romper _____

    **3.** energía / conservar _____

    **4.** montañas / cubrir de nieve _____

    **5.** flores /morir _____

B. **Oraciones.** Seleccione la forma verbal apropiada para completar cada oración lógicamente.

    **1.** Dudo que Juan _____ en el campo toda su vida.

        **a.** vive         **b.** haya vivido         **c.** ha vivido

    **2.** Estoy seguro de que _____ este libro con papel reciclado.

        **a.** hayan hecho     **b.** han hecho       **c.** hacían

    **3.** Dicen que ya _____ gran parte de los bosques amazónicos.

        **a.** han destruido     **b.** destruían       **c.** hayan destruido

    **4.** Tú _____ tres viajes a Europa, ¿verdad?

        **a.** haces         **b.** hayas hecho       **c.** has hecho

    **5.** No. Yo _____ a Europa sólo una vez.

        **a.** haya ido         **b.** voy         **c.** he ido

**C. ¿Por qué no... ?** The speaker will ask you why you don't do certain things. Answer her questions, following the model.

MODELO: (*you hear*) ¿Por qué no resuelve Ud. ese problema? →
(*you say*) Porque ya está resuelto.

**1.** ... **2.** ... **3.** ... **4.** ... **5.** ...

**D. Cosas de todos los días: El medio ambiente.** Practice talking about what has happened recently, using the written cues. When you hear the corresponding number, form sentences using the words provided in the order given, making any necessary changes or additions. ¡OJO! You will need to make changes to adjectives and add articles, if appropriate.

MODELO: (*you see*) **1.** gobierno / construir / mucho / carreteras / nuevo (*you hear*) uno →
(*you say*) El gobierno *ha construido* much*as* carreteras nuev*as*.

**2.** gobierno / tratar de / proteger / naturaleza
**3.** gobierno / no / resolver / problema / de / tránsito
**4.** alguno / compañías / desarrollar / energía / hidráulico
**5.** otro / compañías / descubrir / petróleo
**6.** público / no / conservar / energía

CAPÍTULO **15**

# Paso 1  Vocabulario

## Las relaciones sentimentales

❖**A.  El amor y el matrimonio.** ¿Está Ud. de acuerdo con las siguientes ideas sobre el amor, el noviazgo y el matrimonio?

|  |  | SÍ | NO |
|---|---|---|---|
| 1. | Uno puede enamorarse apasionadamente sólo una vez en la vida. | ☐ | ☐ |
| 2. | Las personas que se casan pierden su libertad. | ☐ | ☐ |
| 3. | La familia de la novia debe pagar todos los gastos de la boda. | ☐ | ☐ |
| 4. | Las bodas grandes son una tontería porque cuestan demasiado dinero. | ☐ | ☐ |
| 5. | La luna de miel es una costumbre anticuada. | ☐ | ☐ |
| 6. | La suegra siempre es un problema para los nuevos esposos. | ☐ | ☐ |
| 7. | Cuando una mujer se casa, debe tomar el apellido de su esposo. | ☐ | ☐ |
| 8. | El hombre debe ser el responsable de los asuntos económicos de la pareja. | ☐ | ☐ |
| 9. | Si una mujer rompe con su novio, ella debe devolverle (*give him back*) el anillo de compromiso (*engagement ring*). | ☐ | ☐ |

**B.  La vida social.** Complete las oraciones con las palabras apropiadas del vocabulario.

1.  María tiene una _____ con Carlos para ir al cine mañana.

2.  La _____ es una ceremonia religiosa o civil en que se casan dos personas.

3.  Blanco es el color tradicional para el vestido de la _____.

4.  Muchas personas creen que los _____ deben ser largos para evitar problemas

    después del _____. Después de la boda los novios son _____.

5.  Una persona que no demuestra cariño (*affection*) no es _____.

6.  Una mujer _____ es una persona que no se ha casado.

7.  Cuando una pareja no se _____ bien, debe tratar de solucionar sus problemas

    antes de _____.

8.  Entre los novios hay amor; entre los amigos hay _____.

9.  En los Estados Unidos, Hawai y las Cataratas del Niágara son dos lugares favoritos para pasar

    la _____.

10.  Un hombre _____ es un hombre cuya (*whose*) esposa ha muerto.

**C. Una carta confidencial.** Lea la siguiente carta de «Indignada» y la respuesta de la sicóloga María Auxilio. Luego conteste las preguntas.

Querida María Auxilio:

Hace poco,[a] mi novio decidió acabar con nuestro noviazgo y yo tuve que cancelar los planes para la boda, a la cual ya habíamos invitado a muchas personas. Por supuesto, mis padres perdieron una buena cantidad de dinero en contratos con el Country Club, la florista, etcétera. Pero lo peor para mí es que mi ex novio demanda que le devuelva el anillo de compromiso[b] que me dio hace dos años.[c]

Yo se lo devolvería[d] sin protestar, pero mis padres insisten en que el anillo es mío[e] y que me debo quedar con él. En verdad, es un anillo precioso, con un brillante de casi un quilate.[f] ¿Qué me aconseja Ud. que haga?

Indignada

Querida «Indignada»:

Sus padres tienen razón. Legalmente, el anillo es de Ud. Yo también le recomiendo que no se lo devuelva, y si él insiste, le puede decir que Ud. consideraría[g] hacerlo si él le reembolsara[h] a sus padres todos los gastos que ellos hicieron en los preparativos para la boda.

María Auxilio

[a]Hace... *A short while ago*  [b]anillo... *engagement ring*  [c]hace... *two years ago*  [d]*would give it back to him*  [e]*mine*
[f]brillante... *diamond of almost one carat*  [g]*would consider*  [h]*he repaid*

## Comprensión

1. ¿Cuándo rompió el novio con «Indignada»?

   _____

2. ¿Qué preparativos habían hecho ya la novia y sus padres?

   _____

   _____

3. ¿Qué pide el novio que haga ahora «Indignada»?

   _____

4. Según doña Auxilio, ¿debe «Indignada» guardar o devolver el anillo?

   _____

5. Según la sicóloga,

   a. legalmente, el anillo es de _____.

   b. el ex novio debe reembolsar a _____ los _____.

❖¿Está Ud. de acuerdo con la recomendación de María Auxilio? Conteste brevemente.

_____

_____

_____

❖**D. Encuesta: Hablando de las relaciones sentimentales.** You will hear a series of statements about personal relationships. Express your opinion by checking the appropriate box. No answers will be given. The answers you choose should be correct for you!

1. ☐ Sí ☐ No
2. ☐ Sí ☐ No
3. ☐ Sí ☐ No
4. ☐ Sí ☐ No
5. ☐ Sí ☐ No
6. ☐ Sí ☐ No
7. ☐ Sí ☐ No
8. ☐ Sí ☐ No
9. ☐ Sí ☐ No
10. ☐ Sí ☐ No

**E. Definiciones.** You will hear a series of definitions. Each will be said twice. Circle the letter of the word defined. ¡OJO! There is more than one answer for some items.

1. **a.** la amistad   **b.** el corazón   **c.** el amor
2. **a.** una separación   **b.** el divorcio   **c.** una visita al consejero matrimonial
3. **a.** la luna de miel   **b.** la cita   **c.** la pareja
4. **a.** el noviazgo   **b.** la boda   **c.** la cita
5. **a.** la dueña   **b.** la consejera   **c.** la novia

## Etapas de la vida

**A. Familias de palabras.** Complete las oraciones con el sustantivo sugerido por la palabra indicada.

1. Los *jóvenes* sufren de problemas sentimentales durante su _____.

2. Los *adolescentes* pueden causarles muchos dolores de cabeza a sus padres durante la

   _____.

3. El _____ (acto de *nacer*) y la _____ (acto de *morir*) forman el círculo de la vida.

4. Durante su _____, el *infante* depende de sus padres para todo.

5. Se cree que una persona *madura* tiene mejor juicio (*judgment*) en la _____ que en la juventud.

6. Muchos *viejos* se quejan de dolores y problemas de salud cuando llegan a la

   _____.

7. Es importante que los *niños* tengan una _____ segura.

**B. Palabras de amor y desengaño** (*disillusionment*). ¿Cree Ud. en el amor a primera vista? ¿Ha tenido alguna vez un gran desengaño amoroso? Los tres primeros poemas a continuación son de *Rimas*, del gran poeta español del romanticismo Gustavo A. Bécquer (1836–1870). La cuarta selección contiene dos estrofas (*stanzas*) del poema «Canción de otoño en primavera» del libro *Cantos de vida y esperanza*, del famoso poeta del modernismo Rubén Darío, de Nicaragua (1867–1916).

**Paso 1.** Lea los cuatro poemas (¡preferiblemente en voz alta [*aloud*]!).

1. **LXXVII**

   Dices que tienes corazón, y sólo
   lo dices porque sientes sus latidos.[a]
   Eso no es corazón... es una máquina
   que al compás que se mueve[b] hace ruido.

   [a]*beats*   [b]al... *as it keeps time*

2. **XVII**

   Hoy la tierra y los cielos[a] me sonríen;
   hoy llega al fondo de mi alma[b] el sol; hoy
   la he visto... la he visto y me ha mirado...
   ¡Hoy creo en Dios!

   [a]tierra... *earth and the heavens*   [b]al... *to the depth of my soul*

3. **XXXVIII**

   Los suspiros[a] son aire y van al aire
   Las lágrimas[b] son agua y van al mar.
   Dime, mujer: cuando el amor se olvida,

   ¿sabes tú adónde va?

   [a]*sighs*   [b]*tears*

   de *Rimas,* de Gustavo A. Bécquer

4. **Canción de otoño en primavera**

   Juventud, divino tesoro,[a]
   ¡ya te vas para no volver!
   Cuando quiero llorar, no lloro...
   y a veces lloro sin querer...

                       · · ·

   Mas a pesar del tiempo terco,[b]
   mi sed de amor no tiene fin;
   con el cabello[c] gris me acerco[d]
   a los rosales[e] del jardín...

   [a]*treasure*   [b]Mas... *But in spite of relentless time*
   [c]pelo   [d]me... *I approach*   [e]*rose bushes*

   de *Cantos de vida y esperanza,* de Rubén Darío

**Paso 2.** Ahora identifique con números el poema que mejor coincide con las descripciones que siguen.

a. _____ Describe los sentimientos del amor a primera vista.

b. _____ Habla con tristeza (*sadness*) del amor perdido.

c. _____ Parece ser escrito por una persona en la madurez de su vida.

d. _____ Desengañado, le habla con sarcasmo a la persona amada.

**C. Asociaciones.** You will hear a series of phrases. Each will be said twice. Circle the letter of the word that you associate with each.

1. **a.** la infancia   **b.** la niñez   **c.** la adolescencia

2. **a.** la vejez   **b.** la juventud   **c.** el nacimiento

3. **a.** la madurez   **b.** la adolescencia   **c.** la infancia

4. **a.** la infancia   **b.** la vejez   **c.** la juventud

# Pronunciación y ortografía: More Cognate Practice

**A. Amigos falsos.** Unlike true cognates, false cognates do not have the same meaning in English as they do in Spanish. Repeat the following words, some of which you have already seen and used actively, paying close attention to their pronunciation and true meaning in Spanish.

| | |
|---|---|
| la carta (*letter*) | el pie (*foot*) |
| dime (*tell me*) | actual (*current, present-day*) |
| emocionante (*thrilling*) | actualmente (*nowadays*) |
| asistir (*to attend*) | embarazada (*pregnant*) |
| el pan (*bread*) | el pariente (*relative*) |
| el éxito (*success*) | dice (*he/she says*) |
| sin (*without*) | la red (*net*) |

**B. Un satélite español.** You will hear the following paragraphs from an article in a Spanish newspaper. Pay close attention to the pronunciation of the indicated cognates. Then you will practice reading the paragraphs.

El *ministro* de *Transportes* y *Comunicaciones*, Abel Caballero, ha *declarado* que el Gobierno está dando los primeros pasos para la *construcción* de un *satélite* español de *telecomunicaciones* que, de tomarse la *decisión final, comenzará* a ser *operativo* el año que viene.

Muchos de los *componentes* del *satélite* tendrían que ser *importados*, pero al menos el 36 por ciento los podría construir la *industria* española.

Now, pause and read the paragraphs. You may also wish to go back and read along with the speaker.

Now resume listening.

# Los hispanos hablan: Las relaciones sociales

As you might expect, social relations differ from country to country. You will hear Eduardo's impressions of the differences in social relations between the United States and his native country, Uruguay. The passage has been divided into two parts. Remember to concentrate on the vocabulary you know. Don't be distracted by unfamiliar vocabulary.

**Paso 1.** Before you listen to the passage, pause and indicate if the following statements are true for you. There are no right or wrong answers.

1. ☐ Sí    ☐ No    Me gusta que mis amigos vengan a visitarme sin avisar (*without letting me know ahead of time*).

2. ☐ Sí    ☐ No    Por lo general, mi vida social es espontánea; es decir, generalmente, no planeo todas mis actividades.

3. ☐ Sí    ☐ No    Participo en actividades sociales en las cuales (*in which*) hay personas de varias generaciones (niños, jóvenes, personas de mi edad, personas mayores o viejas).

4. ☐ Sí    ☐ No    Para mí, la vida privada (*privacy*) es algo importante.

5. ☐ Sí    ☐ No    Todavía vivo con mi familia.

Now resume listening.

**La vida social: Parte 1.** The following words appear in the first part of the passage.

| | |
|---|---|
| extrañan | *they miss* |
| se dedica | *spend a lot of time on* (*something*) |
| sin avisar | *without letting one know ahead of time* |
| mal visto | *not looked upon favorably* |

**La vida social: Parte 2.** The following words appear in the second part of the passage.

| | |
|---|---|
| la vida privada | *privacy* |
| insólito | *unusual* |

**Paso 2.** Now, pause and write a brief paragraph that summarizes how Eduardo feels about social relations in the United States. It may help to look back at the statements you read before listening to the passage.

*Eduardo piensa que...* _____

_____

_____

_____

_____

_____

_____

_____

_____

Now resume listening.

# Paso 2  Gramática

**40. ¿Hay alguien que... ? ¿Hay un lugar donde... ? •
Subjunctive after Nonexistent and Indefinite
Antecedents**

**A.  En la playa.** Mire Ud. la siguiente escena e indique si las declaraciones son ciertas o falsas.

1.  C   F   No hay nadie que juegue al béisbol.

2.  C   F   Hay personas que juegan al vólibol.

3.  C   F   Hay alguien que nada en el océano.

4.  C   F   Hay alguien que llora.

5.  C   F   No hay nadie que lea una revista.

6.  C   F   Hay personas que corren.

7.  C   F   No hay nadie que practique deportes.

8.  C   F   No hay nadie que esté enamorado.

**B. Todos buscan lo que no tienen.** Complete las oraciones con la forma apropiada del subjuntivo de los verbos entre paréntesis.

a. Los Vásquez viven en un apartamento en el centro. Quieren una casa que _____¹ (**ser**) más grande, que _____² (**estar**) en la costa, que _____³ (**tener**) vista a la playa y que no _____⁴ (**costar**) un millón de dólares. Francamente, dudo que la _____⁵ (**encontrar**).

b. En nuestra oficina necesitamos un secretario que _____¹ (**saber**) lenguas extranjeras, que _____² (**ser**) experto en computadoras, que no _____³ (**fumar**), que no _____⁴ (**pasar**) todo el día hablando por teléfono, que _____⁵ (**llegar**) a tiempo, que no _____⁶ (**ponerse**) irritado con los clientes y que no _____⁷ (**enfermarse**) cada lunes.

c. No conozco a nadie en esta universidad. Busco amigos que _____¹ (**practicar**) deportes, que _____² (**jugar**) al ajedrez, que _____³ (**escuchar**) jazz, que _____⁴ (**hacer**) *camping* y a quienes les _____⁵ (**gustar**) ir al cine.

**C. Situaciones.** Complete las oraciones según las indicaciones. Use el subjuntivo o el indicativo, según sea necesario. ¡OJO! ¡Cuidado con la concordancia (*agreement*) de los adjetivos y con las preposiciones!

a. Tenemos unos amigos que _____¹ (**vivir / playa**), pero no conocemos a nadie que _____² (**vivir / montañas**).

b. Luisa quiere conocer a alguien que _____¹ (**enseñarle / hablar**) francés porque tiene un primo francés que _____² (**venir / visitar**) a su familia durante el verano.

c. Elena tiene unos zapatos que _____¹ (**ser / bonito**), pero que _____² (**hacerle**) daño a los pies. Por eso está buscando unos que _____³ (**ser / cómodo**), que _____⁴ (**estar / moda**) y que _____⁵ (**ir bien / falda / rosado**). Aquí no ve nada que _____⁶ (**gustarle**).

d. Aquí no hay ningún apartamento más barato que _____¹ (*nosotros:* **poder / alquilar**) para el verano, pero en Lake Champlain siempre se encuentran uno o dos que _____² (**ser / razonable**) y que no _____³ (**estar / lejos / centro**).

**D. Minidiálogo: La persona ideal.** You will hear a dialogue followed by a series of statements. Each will be said twice. Circle **C, F,** or **ND** (**No lo dice**).

1. C  F  ND

2. C  F  ND

3. C  F  ND

4. C  F  ND

5. C  F  ND

**E. En busca de una nueva casa.** Form new sentences, using the oral cues.

1. (*you see and hear*) ¿Qué tipo de casa buscan Uds.?  (*you hear*) estar en el campo →
   (*you say*) Buscamos una casa que esté en el campo.

   **a.** ...  **b.** ...  **c.** ...

2. (*you see and hear*) ¿Y cómo quieren Uds. que sean los vecinos?  (*you hear*) jugar a las cartas →
   (*you say*) Queremos vecinos que jueguen a las cartas.

   **a.** ...  **b.** ...  **c.** ...

**F. Escenas de la vida.** You will hear a series of statements. Each will be said twice. Respond to each statement, using the written cues.

MODELO:  (*you hear*) Necesitamos un secretario que hable español.
(*you see*) Pues, yo conozco... →
(*you say*) Pues, yo conozco a un secretario que habla español.

1. Yo te puedo recomendar...
2. Lo siento, pero no hay nadie aquí...
3. Pues yo busco...
4. Pues yo también quiero...
5. Ellos van a ofrecerte un puesto...

**G. ¿Qué quieren estas personas?** You will hear what these people already have. Say what they want, using the written cues. If you prefer, pause and write the answers.

MODELO: (*you see*) es viejo **/** ser nuevo →
(*you hear*) Arturo tiene un auto que es viejo.
(*you say*) Quiere un auto que sea nuevo.

**1.** no tiene vista **/** tener vista

_____

_____

**2.** es perezoso **/** ser trabajador

_____

_____

**3.** es muy grande **/** ser pequeño

_____

_____

**4.** hacen mucho ruido **/** no hacer tanto ruido

_____

_____

# Paso 3  Gramática

 ### 41. *Lo hago para que tú...* • Subjunctive after Conjunctions of Contingency and Purpose

**A.  De viaje.** Mario y su esposa Elsa van de vacaciones. Vuelva a escribir lo que dicen, reemplazando la frase preposicional por una cláusula con el subjuntivo del verbo indicado.

1.  Llama a tus padres *antes de salir.*

    Llama a tus padres *antes de que* (**nosotros**) _____.

2.  Cierra las puertas con llave *antes de irte.*

    Cierra las puertas con llave *antes de que* (**nosotros**) _____.

3.  Escribe la dirección *para* no *equivocarte.*

    Escribe la dirección *para que* (**nosotros**) no _____.

4.  Vamos al hotel *para descansar.*

    Vamos al hotel *para que* (**tú**) _____.

**B.  Los planes de Berti y Carla.** Berti y Carla están haciendo planes para ir a esquiar la semana que viene. Complete lo que dicen, según las indicaciones. ¡OJO! Fíjese en (*Note*) las conjunciones en letra cursiva que introducen los verbos que siguen.

1.  Llama a Eva *en caso de que*

    a.  _____ (*ella:* **querer**) acompañarnos.

    b.  no _____ (**saber**) nuestra dirección.

    c.  _____ (**estar**) en casa.

2.  Eva dice que no puede ir con nosotros *a menos que*

    a.  _____ (*nosotros:* **volver**) antes del sábado.

    b.  su madre _____ (**prestarle**) dinero.

    c.  ella _____ (**conseguir**) un par de esquíes.

3.  Vamos a salir por la mañana *antes de que*

    a.  _____ (**llover**).

    b.  _____ (**haber**) mucho tráfico.

    c.  _____ (**empezar**) a nevar.

**C. Hablando de ir a la playa.** Complete los comentarios con la preposición o conjunción apropiada de la lista.

antes de (que)   en caso de (que)   para (que)   sin (que)

1. Vamos a la playa _____ jugar al vólibol.

2. Vamos a salir temprano _____ no tengas que manejar cuando hay mucho tráfico.

3. Todos siempre quieren nadar _____ comer.

4. Vamos a comer _____ sea muy tarde.

5. No salgas _____ llevar bastante dinero.

6. Lleva tu suéter _____ haga frío por la noche.

**D. «¡Antes que te cases, mira lo que haces!»*** Un amigo está hablando de casarse y Ud. le recomienda que haga algunas cosas antes de tomar esa decisión.

**Palabras útiles**

casarse                                    amarse y llevarse bien
conocerse                                  tener un buen trabajo
enfermarse o haber una emergencia

1. No te cases a menos que _____.

2. Debes tener ahorros (*savings*) suficientes en caso de que _____
   _____.

3. Debes hacer que las dos familias se reúnan para que los parientes _____
   _____.

4. No te preocupes si todos no se llevan bien, con tal de que tú y tu novia _____
   _____.

5. Si hay algún problema serio, habla con tu novia antes de (que) _____
   _____.

**E. Minidiálogo: Antes del viaje.** You will hear a dialogue between Francisco and Araceli about their upcoming trip. Then you will hear a series of statements. Circle **C, F,** or **ND** (**No lo dice**).

1. C   F   ND        3. C   F   ND        5. C   F   ND
2. C   F   ND        4. C   F   ND

**F. Un viaje.** You will hear the following pairs of sentences. Then you will hear a conjunction. Join each pair of sentences, using the conjunction and making any necessary changes.

MODELO:  (*you see and hear*) Hacemos el viaje. No cuesta mucho.   (*you hear*) con tal que →
            (*you say*) Hacemos el viaje con tal que no cueste mucho.

1. Tenemos que salir. Empieza a llover.
2. No queremos ir. Hace sol.
3. Pon las maletas en el coche. Podemos salir pronto.
4. Trae el mapa. Nos perdemos.

*Popular saying (**dicho**) that is equivalent to "Look before you leap."

**G.  ¿Quién lo dijo?** When you hear the number, read aloud each of the following statements, giving the present subjunctive form of the verb in parentheses. You will hear the correct answer. Then you will hear the names of two different people. Circle the letter of the person who might have made each statement.

1.  a  b  No les doy los paquetes a los clientes antes de que me (**pagar**).

2.  a  b  Voy a revisar las llantas en caso de que (**necesitar**) aire.

3.  a  b  No compro esa computadora a menos que (**ser**) fácil de manejar.

4.  a  b  Voy a tomarle la temperatura al paciente antes de que lo (**ver**) la doctora.

# Un poco de todo

**A.  ¡Otra versión de Romeo y Julieta!** Complete esta versión nueva de la historia. Use *el presente de indicativo o subjuntivo,* según sea necesario. Cuando se presenten dos posibilidades, escoja la correcta.

En Sevilla, nadie sabe por qué, las familias de Romeo y Julieta no _____[1] (**llevarse**)

bien. En verdad, _____[2] (**odiarse**) y _____[3] (**por / para**) eso viven en

barrios diferentes, separados por el río Guadalquivir. No hay nadie que no _____[4]

(**saber**) que la mala sangre _____[5] (**haber**) existido entre las dos familias

_____[6] (**por / para**) mucho tiempo. Las dos familias _____[7] (**haber**)

hecho todo lo posible para que sus hijos no _____[8] (**conocerse**). Desafortunad-

amente, un día los dos jóvenes _____[9] (**encontrarse**) en la universidad, se hacen[a]

amigos y luego _____[10] (**enamorarse**) locamente.

Para que sus padres no _____[11] (**verlos**), ellos _____[12]

(**encontrarse**) en secreto en la biblioteca, en el parque ¡y hasta[b] en la catedral! _____[13]

(**Por / Para**) fin, las familias lo _____[14] (**descubrir**) todo e insisten en que los

novios _____[15] (**romper**) sus relaciones. El padre de Julieta, enojadísimo,

le dice que en caso de que ella no _____[16] (**obedecerlo**), él la va a sacar de la

universidad y la _____[17] (**ir**) a mandar a vivir con su abuela en las Islas Canarias.

Confrontados con la terrible realidad de sus vidas, los enamorados dejan la universidad antes

de que _____[18] (**terminarse**) el curso y _____[19] (**escaparse**) a

Santander, _____[20] (**lejos / cerca**) de la tiranía de sus familias. Cuando los padres

descubren lo que _____[21] (**haber**) hecho, les piden que _____[22]

(**volver**) a Sevilla y les prometen que van a permitirles que se casen con tal que

_____[23] (**acabar**) sus estudios universitarios.

[a]*se... they become*   [b]*even*

**B. Identificaciones.** You will hear six sentences. Each will be said twice. Write the number of each sentence next to the drawing that is described. **¡OJO!** There are two extra drawings. First, pause and look at the drawings.

a. _____

b. _____

c. _____

d. _____

e. _____

f. _____

g. _____

h. _____

# Paso 4  Un paso más

## 🎧 ▮ Videoteca*

**Entrevista cultural: Chile**

**Dictado.** You will hear an interview with Jorge Valmaceda. As you listen, complete the following paragraph with information from the interview. Check your answers in the Appendix. First, pause and read the incomplete paragraph.

Jorge Valmaceda es _____.[1] Él es _____[2] profesional y su trabajo consiste

en _____[3] fotos en _____[4] y otros eventos _____.[5] A

Jorge le _____[6] su trabajo. _____[7] encanta fotografiar a la novia y al

novio y a los familiares. También saca fotografías en _____[8] y _____[9]

de bodas.

El objeto que trae Jorge le recuerda (*reminds him*) su niñez y la fiesta dieciochera, un

_____,[10] que se celebra en el mes de _____.[11]

Now resume listening.

**Entre amigos: Es muy lindo estar enamorado.**

The four students are being asked about relationships, children, and divorce. Listen to the questions and answers. After listening, pause and circle **C** if the statement is true or **F** if it is false. First, pause and read the following statements.

Here are the questions and the students' answers.

1.  C  F  Sólo (*Only*) dos de los estudiantes tienen novio o novia.

2.  C  F  Todos los estudiantes piensan casarse algún día.

3.  C  F  Uno de los estudiantes no quiere tener hijos.

4.  C  F  La mayoría de los estudiantes mencionó que el respeto y el amor son importantes para mantener una buena relación entre pareja.

5.  C  F  La mayoría de los estudiantes apoya (*support*) el divorcio.

Now resume listening.

---

*These **Videoteca** videoclips are available on the Video on CD to accompany *¿Qué tal?*, Seventh Edition.

# Enfoque cultural: Chile

Conteste brevemente las siguientes preguntas.

1. ¿De dónde viene el nombre de este país? _____
2. ¿Qué industria es importante en la economía de Chile? _____
3. ¿Cuál es la tasa de alfabetización? _____
4. ¿Qué forma particular tiene el territorio chileno? _____
5. ¿En qué región de Chile se encuentra el desierto de Atacama? _____
6. ¿Qué elementos geográficos se encuentran en la Tierra de Fuego? _____

# ¡Repasemos!

**A. Otra carta confidencial.** Lea la siguiente carta de «Confundido» y la respuesta de la sicóloga María Auxilio. Luego conteste las preguntas.*

Querida Dra. Auxilio:

Tengo un problema grave y espero que Ud. me pueda ayudar. Soy un chico joven y tengo una novia que vive muy lejos de mí. Como[a] vive tan lejos, no nos podemos ver con frecuencia, pero todavía nos escribimos a menudo[b] y nos queremos mucho. Otra chica quiere que yo salga con ella, pero cuando le digo que tengo novia, se ríe y me dice que no le parece que dos personas puedan ser novios de verdad[c] si viven tan lejos la una de la otra. Me dice que yo le gusto y, a decir verdad, ella me gusta a mí también. Es bien[d] guapa e inteligente. Me gustaría salir con ella, pero no quiero traicionar[e] a mi novia. ¿Qué puedo hacer?

Confundido

Querido Confundido:

Creo que tu problema es algo especial. Mi consejo es que analices tus sentimientos hacia tu enamorada y, si la quieres de verdad, entonces no la traiciones. Pero eso no quiere decir[f] que no puedas salir con amigas y pasarlo bien sanamente.[g] Eres joven y a veces es bueno comparar y no atarte[h] a tus propios sentimientos. Si de verdad no te interesa ninguna otra mujer más que tu novia, entonces recuerda que cuando hay amor todo se supera.[i] Gracias por escribirme y ¡ojalá todo te salga bien!

[a]*Since*  [b]*a... frecuentemente*  [c]*de... realmente*  [d]*Muy*  [e]*to betray*  [f]*no... it doesn't mean*  [g]*safely*
[h]*tie yourself down*  [i]*se... can be resolved*

---

*Dos estudiantes de cuarto semestre escribieron estas cartas: Keith Olsen y Patricia Castro. Las cartas han sido un poco modificadas.

## Comprensión

1. ¿Qué espera «Confundido» que haga la Dra. Auxilio?

   _____

2. ¿Cuál es el problema del joven?

   _____

3. ¿Qué dice «la otra chica» de las personas que viven lejos la una de la otra?

   _____

4. ¿Qué no desea hacer «Confundido»?

   _____

5. Complete las siguientes oraciones para dar un resumen de la respuesta de la Dra. Auxilio.

   La Dra. Auxilio le recomienda a «Confundido» que _____[1] sus sentimientos

   y que no _____[2] a su novia si _____[3] de verdad. Pero también

   le dice que _____[4] con la otra chica porque así puede comparar sus sentimientos

   hacia las dos.

**B.** *Listening Passage:* **Semejanzas y diferencias**

**Antes de escuchar.** You will hear a conversation, already in progress, between two students: one is from Spain and the other is from the United States. They are talking about the similarities and differences between people of their age group in the United States and Spain. Notice that the student from Spain uses the **vosotros** forms of verbs, pronouns, and possessive adjectives instead of the **Uds.** forms. Although the **vosotros** forms are not frequently used in *¿Qué tal?*, you should be able to recognize them.

*Listening Passage.* The following words and phrases appear in the conversation.

| | |
|---|---|
| nos independizamos | *we become independent* |
| me di cuenta que | *I realized* |
| no se ve tan mal | *it is not looked down upon (considered odd, viewed as bad)* |
| dura | *lasts* |
| los préstamos | *loans* |
| las becas | *scholarships, grants* |
| los ingresos | *earnings, assets* |
| estatales | *state run (adj.)* |

**Después de escuchar.** Indicate the country to which the following sentences refer, based on the conversation that you just heard.

| | ESPAÑA | LOS ESTADOS UNIDOS |
|---|:---:|:---:|
| 1. La mayoría de las universidades son estatales. | ☐ | ☐ |
| 2. Es normal obtener un préstamo para asistir a la universidad. | ☐ | ☐ |
| 3. Es normal que una persona mayor de 18 años viva con sus padres. | ☐ | ☐ |
| 4. Se ve mal que los hijos vivan con la familia después de cumplir los dieciocho años. | ☐ | ☐ |
| 5. La universidad dura cinco años, generalmente. | ☐ | ☐ |
| 6. A los jóvenes les gusta la música *rock* y llevar *jeans*. | ☐ | ☐ |

Now resume listening.

**C. Entrevista.** You will hear a series of questions. Each will be said twice. Answer, based on your own experience. Pause and write the answers. Write out all numbers as words.

1. _____

2. _____

3. _____

4. _____

5. _____

6. _____

## ❖■ Mi diario

Primero describa Ud. cómo era su vida social en la escuela secundaria. (Use el imperfecto de indicativo.) Luego, escriba sobre sus actividades sociales como estudiante universitario. (Use el presente de indicativo o subjuntivo.) Haga referencias a las amistades, noviazgos, diversiones y problemas que tenía/tiene con sus compañeros. Finalmente, haga una comparación entre las dos etapas de su vida social. Puede usar la siguiente lista de palabras útiles.

### Palabras útiles

a diferencia de (*unlike*)

a pesar de (*in spite of*)

en cambio (*on the other hand*)

pero

también

# Póngase a prueba

## ■ A ver si sabe...

**A. Use of Subjunctive after Nonexistent and Indefinite Antecedents.** Complete las oraciones con el presente de indicativo o subjuntivo, según sea necesario.

1. Tengo un amigo que _____ (**ser**) de Bolivia.

2. Busco a alguien que _____ (**saber**) hablar alemán.

3. Aquí hay alguien que _____ (**conocer**) al autor.

4. No veo a nadie que _____ (**hacer**) ejercicio.

5. ¿Hay alguien que _____ (**ir**) a ir al centro?

**B. Subjunctive after Conjunctions of Contingency and Purpose**

1. Escriba la letra de la conjunción apropiada para completar cada oración.

   **a.** antes (de) que                     **c.** a menos que

   **b.** con tal (de) que               **d.** para que

   1. No voy a invitar a Juan _____ se disculpe.

   2. Luis reserva una mesa _____ tú y él cenen juntos.

   3. Voy adonde tú quieras, _____ me acompañes.

   4. Carmen se viste y se peina _____ llegue su novio.

2. Complete las oraciones con el presente de subjuntivo o el infinitivo del verbo indicado, según sea necesario.

   **a.** Vamos a salir ahora para _____ (**poder**) llegar a tiempo.

   **b.** Llama a Elena antes de que _____ (*ella:* **salir**).

   **c.** Lleva dinero extra en caso de que _____ (*tú:* **tener**) algún problema.

   **d.** No te vayas sin _____ (**llamarme**) primero.

## ■ Prueba corta

**A. ¿Indicativo o subjuntivo?** Complete las oraciones con la forma apropiada del indicativo o del subjuntivo del verbo entre paréntesis, según el contexto.

1. Estoy buscando a alguien que _____ (**querer**) viajar a Europa este invierno.

2. No conozco a nadie que _____ (**ir**) de vacaciones en invierno, pero tengo

   varios amigos que siempre _____ (**viajar**) en verano.

3. Hoy día hay pocos bebés que _____ (**nacer**) en casa.

4. Conozco a alguien que _____ (**acabar**) de tener una boda grande.

5. Algunos muchachos sólo quieren encontrar una novia que _____ (**ser**) rica y bonita.

**B. ¿Subjuntivo o infinitivo?** Complete las oraciones con la forma apropiada del subjuntivo o con el infinitivo, según el contexto.

1. Uds. deben conocerse bien antes de _____ (**casarse**).

2. Los recién casados tienen que trabajar para que _____ (**poder**) comprar una casa.

3. En caso de que me _____ (*tú:* **necesitar**), llámame.

4. No debes salir a menos que _____ (**haber**) estudiado para el examen.

5. ¡Voy contigo a la ópera con tal que me _____ (*tú:* **conseguir**) una entrada!

6. Por favor, dales dinero antes de que _____ (*ellos:* **irse**).

**C. En busca de los amigos perfectos.** Practice talking about ideal friends. When you hear the corresponding number, form sentences using the written cues. Begin each sentence with **Quiero...** Make any necessary changes or additions.

> MODELO: (*you see*) **1.** amigo **/** ser **/** simpático → (*you hear*) uno
> (*you say*) Quiero *un* amigo *que sea simpático.*

2. amiga **/** ser **/** amable
3. amigos **/** ser **/** flexible
4. amigas **/** vivir **/** cerca de mí
5. amigo **/** tener **/** coche
6. amiga **/** saber **/** mucho de computadoras

**D. Cosas de todos los días: La boda de Mireya y Alonso.** Practice talking about Mireya and Alonso's upcoming wedding, using the written cues. When you hear the corresponding number, form sentences using the words provided in the order given, making any necessary changes or additions. ¡OJO! You will need to make changes to adjectives and add articles, if appropriate.

> MODELO: (*you see*) **1.** padre de Mireya **/** pensar **/** que **/** (ellos) no deber **/** casarse **/**
> a menos que **/** (ellos) **/** llevarse bien  (*you hear*) uno →
> (*you say*) El padre de Mireya *piensa* que no *deben casarse* a menos que *se lleven* bien.

2. padres de Alonso **/** pensar **/** que **/** (ellos) deber **/** casarse **/** con tal que **/** (ellos) estar **/** enamorado
3. Mireya **/** pensar **/** confirmar **/** fecha **/** antes de que **/** su **/** padres **/** mandar **/** invitaciones
4. padres de Mireya **/** ir **/** alquilar **/** sala **/** grande **/** en caso de que **/** venir **/** mucho **/** invitados
5. (ellos) pensar **/** regalarles **/** dinero **/** para que **/** novios **/** empezar **/** ahorrar
6. Mireya y Alonso **/** ir **/** pasar **/** luna de miel **/** en Cancún **/** con tal que **/** poder **/** encontrar **/** hotel **/** barato

CAPÍTULO 16

# Paso 1  Vocabulario

## Profesiones y oficios

**A.  ¿Qué oficio o profesión tienen?** Vea la lista si necesita ayuda.

| | | |
|---|---|---|
| abogado/a | hombre/mujer de negocios | obrero/a |
| bibliotecario/a | ingeniero/a | periodista |
| comerciante | maestro/a | plomero/a |
| enfermero/a | médico/a | siquiatra |

1.  Es dueño/a de una compañía que produce y vende ciertos productos o servicios.

    _____

2.  Es un trabajador sin especialización. _____

3.  Va a las casas para arreglar o instalar aparatos que usan agua. _____

4.  Generalmente tiene un almacén donde se venden artículos de varias clases. _____

5.  Ayuda al doctor en su consultorio o en el hospital. _____

6.  Prepara documentos legales para sus clientes. _____

7.  Es un médico que ayuda a las personas que tienen problemas mentales o sicológicos.

    _____

8.  Enseña en una escuela primaria o secundaria. _____

9.  Ayuda a construir casas, edificios, calles, etcétera. Debe ser un buen matemático.

    _____

10.  Trabaja en un hospital o en su consultorio privado. _____

11.  Escribe las noticias que se publican en el periódico. _____

12.  Trabaja en una biblioteca. _____

**B.  ¿A quién necesitan en estas situaciones?** You will hear a series of situations. Each will be said twice. Circle the letter of the person or professional who would best be able to help.

1.  **a.**  un arquitecto          **b.**  un analista de sistemas

2.  **a.**  una dentista           **b.**  una enfermera

3.  **a.**  una consejera matrimonial   **b.**  un policía

4.  **a.**  una fotógrafa          **b.**  un bibliotecario

5.  **a.**  un plomero            **b.**  una electricista

C. **Oficios y profesiones.** Lea la siguiente anécdota y conteste las preguntas.

Dos hombres viajaban en autobús de Guayaquil a Quito. Iban sentados juntos y pronto empezaron a conversar sobre sus familias. Uno de ellos dijo:

—Yo solamente tengo tres hijos. Todos ya mayores... y profesionales. Los tres son intelectuales. Mi hija es profesora, un hijo es abogado y el otro, arquitecto.

—¡Qué bueno, hombre! Y Ud., ¿qué hace? —le preguntó curioso el otro viajero.

—¿Yo?... Pues... yo soy comerciante. Tengo una tienda de abarrotes[a] en Guayaquil. No es un gran negocio, pero me permite ganar lo suficiente para poder mantener[b] a mis tres hijos y a sus familias.

[a]tienda... *grocery store*   [b]*to support*

1. ¿Cómo y adónde viajan los dos hombres?

   _____

2. ¿Cómo son los hijos de uno de ellos y qué profesiones tienen?

   _____

3. ¿Cuál es el oficio del padre?

   _____

4. Siendo profesionales los hijos, ¿ganan lo suficiente para mantener a sus familias?

   _____

5. Según esta anécdota, ¿cuál es el problema de algunos profesionales en Hispanoamérica?

   _____

# El mundo del trabajo

A. **Consejos para encontrar empleo.** Déle consejos a su hermana menor. Complete las oraciones con la forma apropiada de las palabras de la lista. Use el mandato familiar cuando sea necesario.

| | | |
|---|---|---|
| caerle bien | empleo | llenar |
| currículum | empresa | renunciar |
| dejar | entrevista | solicitud |
| director de personal | escribirlo a máquina | sucursal |

1. Prepara tu _____ con cuidado, incluyendo todos los empleos y experiencia que has tenido.

2. No lo escribas a mano; _____ o con computadora y ten cuidado que no haya errores.

3. Ve a la oficina de _____ de la universidad y busca anuncios en el periódico.

4. Llama a todas las oficinas que ofrezcan posibilidades; no te limites a sólo una. Pide una

   _____ con el _____.

5. Ve a la biblioteca e infórmate sobre la _____: su historia, dónde tiene

   _____, qué tipo de trabajo hacen, etcétera.

6. Si te llaman para entrevistarte, vístete como mujer de negocios. Si quieres _____

   al director de personal, lleva ropa que te dé aspecto profesional.

7. _____ la _____ con bolígrafo; no uses lápiz.

8. Si te dan el puesto, ¡magnífico! Pero, si después de algún tiempo no ves oportunidades de

   avanzar en la empresa, piensa en _____ al puesto, pero no lo

   _____ antes de conseguir otro empleo.

B. **Situaciones.** Conteste las preguntas según los dibujos.

1.        2.        3.

1. **a.** ¿Qué busca el joven a quien están entrevistando? _____

   _____

   **b.** ¿Duda él mucho de poder colocarse allí? ¿O parece que tiene contactos (*connections*)?

   _____

   _____

2. **a.** ¿El jefe está despidiendo o empleando (*hiring*) al joven?

   _____

   **b.** ¿Qué es necesario que haga el joven para obtener otro puesto?

   _____

3. **a.** ¿Qué está haciendo esta aspirante? _____

   **b.** ¿Qué espera que suceda (*will happen*) durante la entrevista? _____

   _____

C.  **En busca de un puesto**

**Paso 1.** Imagine that you are looking for a new job in a large corporation. Tell how you will go about getting the job, using phrases from the following list. First, listen to the list, then pause and put the remaining items in order, from 3 to 6.

_____ tratar de caerle bien al entrevistador

_____ aceptar el puesto y renunciar a mi puesto actual

___2___ pedirle una solicitud de empleo

_____ ir a la entrevista

_____ llenar la solicitud

___1___ llamar a la directora de personal

Now resume listening.

**Paso 2.** Now tell what you will do to look for a job when you hear the numbers. Follow the model.

>   MODELO:  (*you hear*) uno    (*you see*) **1.**   llamar a la directora de personal →
>   (*you say*) Llamo a la directora de personal.

## ▪ Una cuestión de dinero

**A.  Roberto y Elena.** Roberto y su esposa Elena están hablando de su presupuesto mensual (*monthly*). Complete el diálogo con la forma apropiada de las palabras de la lista.

| | | |
|---|---|---|
| ahorrar | devolver | presupuesto |
| alquiler | factura | quejarse |
| corriente | gastar | |

ROBERTO:  En los últimos dos meses hemos _____[1] tanto dinero que no hemos

podido _____[2] nada. Debemos economizar más.

ELENA:  Es cierto, pero es difícil seguir nuestro _____[3] mensual con el constante aumento de gastos.

ROBERTO:  Hoy es el primero de abril y tenemos que pagar el _____[4] de la casa.

ELENA:  Si no depositamos más dinero en nuestra cuenta _____,[5] no vamos a

poder pagar nuestras _____.[6]

ROBERTO:  Realmente creo que debes _____[7] esos dos vestidos de Gucci que compraste ayer, ¿no te parece?

ELENA:  ¡Tú siempre _____[8] de mis gastos, pero no dejas de manejar tu Porsche!

**B. En la agencia de automóviles.** Carlos está comprando un coche de segunda mano y habla con el agente. Complete el diálogo con la forma apropiada de las palabras de la lista.

> a plazos   al contado   cajera   préstamo   tarjeta de crédito

CARLOS: Me gustaría comprar el coche _____¹ para ahorrar los intereses, pero no tengo suficientes ahorros.

AGENTE: No hay ningún problema. Ud. puede pagarlo _____.² Y si necesita un

_____,³ se lo damos a sólo el 12 por ciento.

CARLOS: Es una buena idea. Puedo usar mi _____⁴ para hacer el primer pago, ¿verdad?

AGENTE: ¡Cómo no! Pase a la oficina. La _____⁵ le va a dar el recibo (*receipt*).

**C. Descripción.** You will hear a series of questions. Each will be said twice. Answer, based on the drawing. If you prefer, pause and write the answers.

1. _____
2. _____
3. _____
4. _____
5. _____

# Pronunciación y ortografía: More on Stress and the Written Accent

**A. El acento escrito y los verbos.** You have probably noticed that the written accent is an important factor in the spelling of some verbs. You know that in the case of the preterite, for example, a missing accent can change the meaning of the verb. Listen to the following pairs of words.

| habló | (*he, she, or you spoke*) | / hablo | (*I am speaking or I speak*) |
| hablé | (*I spoke*) | / hable | (*that he, she, you, or I may speak—present subjunctive; speak* [*formal command*]) |

When you hear the corresponding number, read the following pairs of words. Then repeat the correct pronunciation, imitating the speaker.

1. tomo / tomó   2. ahorro / ahorró   3. limpie / limpié

**B. El acento escrito.** The written accent also is important in maintaining the original stress of a word to which syllables have been added. In the word **jóvenes,** for example, the written accent maintains the stress of the singular word **joven,** even though another syllable has been added. Sometimes, the reverse will be true. A word that has a written accent will lose the accent when a syllable is added. Compare **inglés** and **ingleses.** This happens because the new word receives the stress naturally; that is, it follows the rules of stress.

When you hear the corresponding number, read the following groups of words. Then repeat the correct pronunciation, imitating the speaker.

1. dígame / dígamelo
2. póngase / póngaselo
3. escriba / escríbanos
4. depositen / deposítenlos
5. almacén / almacenes
6. nación / naciones

**C. Dictado.** You will hear the following words. Each will be said twice. Write in an accent mark, if necessary.

| 1. cobro | 3. toque | 5. describe | 7. levantate | 9. franceses |
|---|---|---|---|---|
| 2. cobro | 4. toque | 6. describemela | 8. levanta | 10. frances |

**D. El acento diacrítico.** You have probably noticed that when a pair of words is written the same but has different meanings, one of the words is accented. This accent is called a *diacritical* accent.

Listen to and repeat the following words, paying close attention to the meaning of each.

1. mi (*my*) / mí (*me*)
2. tu (*your*) / tú (*you*)
3. el (*the*) / él (*he*)
4. si (*if*) / sí (*yes*)
5. se (*oneself*) / sé (*I know; be* [informal command])
6. de (*of, from*) / dé (*give* [formal command]; *give* [present subjunctive])
7. te (*you, yourself*) / té (*tea*)
8. solo (*alone, sole* [adjective]) / sólo (*only* [adverb])
9. que (*that, which*) / ¿qué? (*what?*)

**E. Dictado.** Listen to the following sentences. Determine by context whether or not the meaning of the italicized words requires a written accent. If so, write it in. Each sentence will be said twice.

1. Creo *que* ese regalo es para *mi.*
2. Aquí *esta tu te.* ¿*Que* más quieres?
3. *El* dijo *que te* iba a llamar a las ocho.
4. *Si, mi* amigo *se* llama Antonio.

# Los hispanos hablan: ¿Cuáles son las profesiones de más prestigio (*prestige*) en su país? ¿Qué profesión es menos apreciada?

You will hear two answers to these questions. Then, after each answer, you will hear a series of statements about the answer. Circle **C** or **F.** The following words appear in the answers.

| | |
|---|---|
| el agente de bolsa | *stockbroker* |
| la remuneración | el pago (el sueldo) |
| sea cual sea su profesión | no importa la profesión que tenga |
| la enseñanza | *teaching* |
| remuneradas | pagadas |

*Habla Tomás, un arquitecto español.*

1. C   F     2. C   F     3. C   F

*Habla Francisco, un científico español.*

1. C   F     2. C   F     3. C   F

# Paso 2 Gramática

 ## 42. Talking About the Future • Future Verb Forms

❖A. **¿Cómo será mi vida el próximo año?** Indique lo que Ud. piensa que hará o le pasará a Ud.

1. ☐ Estaré en el segundo año de español.

2. ☐ Tendré un nuevo apartamento o una nueva casa.

3. ☐ Haré un viaje a Europa.

4. ☐ Me enamoraré otra vez.

5. ☐ Volveré a vivir con mis padres / Viviré con mis hijos.

6. ☐ Conseguiré un buen puesto / un mejor puesto.

7. ☐ Seguiré estudiando en la universidad.

8. ☐ Podré ahorrar más dinero.

9. ☐ Me compraré ropa nueva.

B. **¿Qué pasará este verano?** Complete las oraciones con el futuro de los verbos.

1. Yo _____ (**buscar**) otro trabajo que me pague más y _____
(**comprar**) un coche nuevo.

2. Tú _____ (**hacer**) un viaje a Francia y _____ (**vivir**) con una
familia allí.

3. Mi primo Miguel _____ (**venir**) a visitarnos y _____ (**estar**) un
mes con nosotros.

4. Nosotros _____ (**ir**) de excursión y _____ (**divertirse**).

5. Patricia y Antonio _____ (**tener**) que mudarse a fines de junio y por eso no

_____ (**poder**) acompañarnos.

6. Nosotros _____ (**salir**) para México en julio y no _____ (**volver**)
hasta fines de agosto.

C. **El viernes por la noche.** Imagine que Ud. conoce bien a sus parientes y amigos y sabe lo que
harán o *no* harán el viernes después de clases. Complete las oraciones con el futuro de los verbos
entre paréntesis.

1. Mi hermano _____ (**cobrar**) su cheque y _____ (**ponerlo**) todo
en su cuenta de ahorros.

2. Mis padres no _____ (**querer**) hacer nada y _____ (**sentarse**) a
mirar la televisión.

3. Mi hermana Julia no _____ (**saber**) qué hacer y también _____
(**quedarse**) en casa.

4. Tito _____ (**decirles**) a todos que tiene que estudiar.

5. Andrés y yo _____ (**tener**) que trabajar, pero a las once _____

(**ir**) a una discoteca y _____ (**bailar**) hasta las dos.

**D. ¿Qué pasará si... ?** Complete las oraciones lógicamente con el futuro de los verbos entre paréntesis.

1. Si ahorro dinero, pronto (**poder**) _____.

2. Si vamos por la autopista a estas horas, (**haber**) _____.

3. Si no llamo a Anita esta noche, ella (**ponerse**) _____.

4. Si no me das un mapa, no (*yo:* **saber**) _____.

**E. Especulaciones.** ¿Qué harán sus compañeros de la escuela secundaria? Haga especulaciones acerca de (*about*) lo que hacen ellos *ahora*, según las indicaciones. Use el futuro de probabilidad.

MODELO: A Pepe le gustaban los coches. (trabajar / taller de automóviles) →
Ahora trabajará en un taller de automóviles.

1. A Mario le gustaban las matemáticas. (estudiar / ingeniería)

_____

2. A Bárbara le encantaban las computadoras. (ser / programadora)

_____

3. Julia sólo pensaba en casarse. (estar / casada)

_____

4. Tito jugaba muy bien al basquetbol. (jugar / equipo profesional)

_____

**F. Un futuro perfecto.** You will hear a brief paragraph in which Angélica talks about her future. Then you will hear a series of statements. Circle **C**, **F**, or **ND**.

1. C  F  ND          4. C  F  ND

2. C  F  ND          5. C  F  ND

3. C  F  ND

**G. El viernes por la tarde.** Using the oral and written cues, tell what the following people will do with their paychecks.

1. Bernardo     2. Adela y yo     3. tú... ¿verdad?     4. yo

**H. El cumpleaños de Jaime.** Jaime's birthday is next week. Answer the questions about his birthday, using the written cues. Each question will be said twice.

MODELO: (*you hear*) ¿Cuántos años va a *cumplir* Jaime? (*you see*) dieciocho →
(*you say*) Cumplirá dieciocho años.

1. sus amigos y sus parientes        4. discos compactos
2. una videocasetera                 5. ¡Feliz cumpleaños!
3. un pastel de chocolate

# Paso 3 Gramática

## ▪ 43. Expressing Future or Pending Actions • Subjunctive and Indicative after Conjunctions of Time

**A. ¿Cuándo hace Ud. estas cosas?** Indique la mejor manera de completar las siguientes oraciones. Luego indique si se refiere a una acción habitual (el indicativo) o a una acción futura (el subjuntivo).

1. Siempre le pido un préstamo a mi hermano cuando...

   **a.** me falta dinero.    **b.** me falte dinero.    HABITUAL ☐    FUTURO ☐

2. Depositaré mi cheque en cuanto...

   **a.** salgo del trabajo.    **b.** salga del trabajo.    ☐    ☐

3. Firmaré los cheques después de que...

   **a.** llego al banco.    **b.** llegue al banco.    ☐    ☐

4. El cajero siempre me da un recibo (*receipt*) después de que...

   **a.** deposito mi dinero.    **b.** deposite mi dinero.    ☐    ☐

5. Pienso cobrar mi cheque tan pronto como...

   **a.** se abra el banco.    **b.** se abre el banco.    ☐    ☐

**B. ¿Cómo se dice en español?** ¡RECUERDE! The use of the subjunctive or the indicative, *after conjunctions of time*, is entirely dependent on whether you are talking about a present, habitual action (use present indicative), a past action (use preterite, imperfect, and so on), or a future action (use present subjunctive).

1. (cuando / casarse)

   **a.** When I got married . . . _____

   **b.** When I get married (*future*) . . . _____

2. (tan pronto como / volver)

   **a.** As soon as I return (*habitual, present*) . . . _____

   **b.** As soon as I returned (*last night*) . . . _____

   **c.** As soon as I return (*future*) . . . _____

3. (hasta que / llamarnos)

   **a.** . . . until they call us (*habitual, present*) _____

   **b.** . . . until they called us (*habitual, past*) _____

   **c.** . . . until they call us (*future*) _____

4. (después [de] que / irnos)

   **a.** After we leave (*habitual, present*) . . . _____

   **b.** After we left (*last night*) . . . _____

   **c.** After we leave (*future*) . . . _____

**C. Cambiando dinero en México.** Restate the following narrative to tell what *will* happen. Remember to use the subjunctive in the dependent clause after conjunctions of time that introduce *future* events.

MODELO:  Salí en cuanto me llamaron. → Saldré en cuanto me llamen.

1. Cuando viajé a México, llevé solamente dólares y tuve que cambiarlos a pesos. _____

2. Fui a la Casa de Cambio Génova, en el Paseo de la Reforma. _____

3. Firmé los cheques de viajero (*traveler's checks*) en cuanto entré en el banco. _____

---

**Casa de Canmbio de Moneda Génova, S.V. de C.V.**

SUCURSAL GENOVA          GENOVA N° 2 Local N-bits

*G*

Paseo de la Reforma N° 284                Col. Juárez
06600 México, D.F.                              Tels. 528-5414
R. F. C. CCM-8507111A3                     Ced. Emp. 1394652
                                                          Autorización 299097

### DE DOCUMENTOS Y TRANSFERENCIA

| CANTIDAD | DIVISA | TIPO | IMPORTE |
|---|---|---|---|
| | | | |
| Situaciones A deducir (domumentos foraneos) | | | |
| Otros | | | |
| Impuesto | | | |
| Total a deducir ___ | | | |
| | | A PAGAR | |

---

4. Hice cola hasta que fue mi turno. _____

5. Le di mi pasaporte al cajero tan pronto como me lo pidió. _____

6. Después de que le di 100 dólares, él mi dio un recibo (*receipt*). _____

7. Me devolvieron el pasaporte cuando me dieron el dinero. _____

8. Fui al restaurante Delmónico's en la Zona Rosa en cuanto salí de la Casa de Cambio.

_____

**D. ¿Qué harán?** Tell what the following people will do when the conditions are ideal.

MODELO: yo / estudiar / cuando / tener tiempo → Yo estudiaré cuando tenga tiempo.

1. Elena / hacer su viaje / en cuanto / recibir / pasaporte _____

_____

2. ellos / no casarse / hasta que / encontrar casa _____

_____

3. Roberto / llamarnos / tan pronto como / saber los resultados _____

_____

4. Mario / venir a buscarnos / después de que / volver su hermano _____

_____

5. mi hermana y yo / ir a México / cuando / salir de clases _____

_____

**E. Minidiálogo: Antes de la entrevista.** You will hear a dialogue in which Tomás's mother, Mrs. López, gives him advice about a job interview. Then you will hear a series of statements. Circle the letter of the person who might have made each statement.

1. a. Tomás
   b. la Sra. López
2. a. Tomás
   b. la Sra. López
3. a. Tomás
   b. la Sra. López
4. a. Tomás
   b. la Sra. López
5. a. Tomás
   b. la Sra. López

**F. Escenas de la vida cotidiana.** You will hear the following pairs of sentences. Combine them to form one complete sentence, using the oral cues.

MODELO: (you see and hear) Voy a decidirlo. Hablo con él. (you hear) después de que →
(you say) Voy a decidirlo después de que hable con él.

1. Amalia va a viajar. Consigue un poco de dinero.
2. No estaré contenta. Recibo un aumento.
3. Podrán ahorrar más. Sus hijos terminan sus estudios.
4. Tito, devuélveme el dinero. Se te olvida.

**G. Asuntos económicos.** You will hear a series of incomplete sentences. Circle the letter of the correct ending for each, then repeat the completed sentence. ¡ojo! In this exercise, you will be choosing between the present subjunctive and the present indicative.

MODELO: (you hear) Voy a depositar mi cheque cuando... a. lo reciba b. lo recibo →
(you say) a. Voy a depositar mi cheque cuando lo reciba.

1. a. las reciba
   b. las recibo
2. a. tenga más dinero
   b. tengo más dinero
3. a. consiga otro puesto
   b. consigo otro puesto
4. a. lo firme
   b. lo firmo

# Un poco de todo

**El Banco Hispano Americano.** Lea el anuncio del Banco Hispano Americano y conteste las preguntas.

---

## Los clientes del Hispano tienen la clave de todas las ventajas.

**Rapidez**

El Sr. Díaz dice que no tiene precio el tiempo que le ahorra su 4B del Hispano. Sin colas y sin esperas, realiza sus operaciones bancarias de camino a la oficina. Y cuando viaja, su 4B del Hispano le ahorra el mismo tiempo en cualquier ciudad, con sus 750 telebancos.

**Facilidad**

A doña Mercedes le parece maravilloso poder sacar dinero con sólo mover un dedo. Y todavía le parece más maravilloso que una tarjeta con tantas ventajas sea gratis.

**Comodidad**

Paco y Marta piensan que la tarjeta 4B del Hispano es el invento del siglo. Sobre todo cuando les apetece ir a cenar y al cine, y su 4B del Hispano les proporciona dinero a cualquier hora.

**Tranquilidad**

Y José Miguel, que es un despistado, valora especialmente la seguridad de la 4B del Hispano. Si se pierde, nadie más que él la puede usar, porque sólo él conoce su número clave.

### Pida su Tarjeta 4B al Hispano. Y, si ya la tiene, disfrútela.
### Sus ventajas son clave.

 **BancoHispanoAmericano**

---

1. ¿Cuáles son las cuatro ventajas de la Tarjeta 4B? Para contestar, identifique los sustantivos derivados de estos adjetivos:

   rápido _____     fácil _____

   cómodo _____     tranquilo _____

2. ¿Qué le ahorra la tarjeta al Sr. Díaz?

   _____

3. ¿Cuántos telebancos (*automatic teller machines*) tiene el Banco Hispano Americano? (Escriba el número en palabras.)

   _____

4. ¿Qué es lo más maravilloso de esta tarjeta para doña Mercedes?

   _____

5. Para Paco y Marta, ¿qué es lo mejor de tener esta tarjeta?

   _____

6. Y para el distraído José Miguel, ¿cuál es la ventaja?

   _____

❖7. ¿Tiene Ud. una tarjeta bancaria (*ATM card*)? ¿Con qué frecuencia la usa?

   _____

❖8. ¿Siempre paga Ud. sus cuentas lo más rápido posible o con frecuencia acaba Ud. pagando intereses?

   _____

# Paso 4  Un paso más

## Videoteca*

**Entrevista cultural: El Uruguay y el Paraguay**

**Paso 1.** You will hear an interview with María Dioni. After listening, pause and choose the letter of the phrase that best completes each statement. First, pause and read the statements.

1. María vive en...    **a.** Uruguay.    **b.** Paraguay.    **c.** México.

2. Ella trabaja con...    **a.** estudiantes.    **b.** profesores.    **c.** personas sin trabajo.

3. Le encanta su trabajo porque le gusta...

    **a.** estudiar.    **b.** trabajar.    **c.** ayudar a los estudiantes.

Now resume listening.

**Paso 2.** You will hear an interview with Sonia Sancho. After listening, pause and choose the letter of the phrase that best completes each statement. First, pause and read the statements.

1. Sonia es de...    **a.** Uruguay.    **b.** Paraguay.    **c.** México.

2. En su trabajo, ella se encarga de (*she is in charge of*)...

    **a.** una empresa internacional.    **b.** recibir las solicitudes de empleo.    **c.** comprar.

3. Ella piensa que su trabajo es...    **a.** fácil.    **b.** difícil.    **c.** aburrido.

**Paso 3.** Now answer the following question based on the two interviews. Check your answer in the Appendix.

¿Qué tienen en común los objetos culturales que traen María y Sonia?

_____

Now resume listening.

**Entre amigos: ¿A qué hora es la entrevista?**

**Paso 1. Apuntes.** The four students will answer questions about their finances. Listen carefully and jot down notes about their answers.

_____
_____
_____
_____

**Paso 2. ¿Cierto o falso?** You will here a series of statements about the answers that the students gave. Circle **C** if the statement is true or **F** if it is false. Listen to the questions and answers again before beginning **Paso 2,** if you like.
1. C  F        2. C  F        3. C  F        4. C  F

*These **Videoteca** videoclips are available on the Video on CD to accompany *¿Qué tal?*, Seventh Edition.

# Enfoque cultural: El Uruguay y el Paraguay

Conteste brevemente las siguientes preguntas.

1. ¿Qué porcentaje de la población vive en la capital del Uruguay? _____
2. ¿Cuál es la tasa de alfabetización del Uruguay? _____
3. ¿Qué característica comparten (*share*) el Paraguay y Bolivia? _____
4. ¿Qué aspecto geográfico tiene una gran importancia para la economía del Paraguay? _____

   _____
5. ¿Para qué fue construida la represa de Itaipú? _____
6. ¿Qué porcentaje de paraguayos habla guaraní? _____

# ¡Repasemos!

**A. Padres e hijos.** Escriba una composición de dos párrafos comparando sus ideas con las de sus padres. Use las preguntas como guía.

PÁRRAFO 1
1. Cuando Ud. estaba en la escuela secundaria, ¿qué tipo de hijo/a era Ud.? (¿rebelde, obediente, cariñoso/a, desagradable, quieto/a, egoísta, comprensivo/a, etcétera?)
2. ¿Se llevaban bien Ud. y sus padres o discutían mucho?
3. ¿En qué cosas no estaba Ud. de acuerdo con sus padres? ¿Protestaba mucho o los obedecía por lo general sin protestar?
4. ¿Era fácil o difícil hablar con sus padres?
5. ¿A quién le confesaba sus problemas más íntimos?

PÁRRAFO 2
1. ¿Piensa Ud. casarse y tener hijos? (¿Ya se ha casado? ¿Tiene hijos?)
2. ¿Qué aspectos son importantes en las relaciones entre padres e hijos?
3. ¿Qué querrá Ud. que hagan sus hijos? (¿Qué quiere que hagan sus hijos?)
4. ¿Qué tipo de padre/madre será (ha sido) Ud.?

**B. Comentarios de un viajero** (*traveler*). Complete las oraciones lógicamente.

1. No fui a _____ hasta que _____

   _____

   _____
2. No iré a Europa hasta que _____
3. Ayer volví a casa en cuanto _____
4. Saldré para Acapulco en cuanto _____
5. Me quedé en un hotel muy barato cuando _____

   _____
6. Me quedaré en un hotel elegante cuando _____

   _____

## C. *Listening Passage:* El sistema universitario hispánico

**Antes de escuchar.** You will hear a passage about the differences between the university system in most of the Hispanic world and that of the United States. The following words appear in the passage.

| | |
|---|---|
| la etapa | *stage* |
| suele durar | *usually lasts* |
| se matricula | *enrolls* |
| por lo tanto | *therefore* |
| una vez que | *once* |
| el requisito | *requirement* |
| la profundidad | *depth* |

*Listening Passage.* Here is the passage. First, listen to it to get a general idea of the content. Then go back and listen again for specific information.

**Después de escuchar.** Indicate whether the following statements refer to the Hispanic world or to the United States, according to the information in the passage.

| | EL MUNDO HISPÁNICO | LOS ESTADOS UNIDOS |
|---|---|---|
| 1. La mayoría de las carreras duran menos de cinco años. | ☐ | ☐ |
| 2. Al entrar (*Upon entering*) en la universidad, un estudiante se matricula directamente en el área de su especialización. | ☐ ☐ | ☐ ☐ |
| 3. El estudiante tiene pocas opciones una vez que empieza sus estudios. | ☐ | ☐ |
| 4. Hay requisitos «generales» como ciencias naturales, ciencias sociales o humanidades. | ☐ | ☐ |
| 5. El currículum es bastante estricto. | ☐ | ☐ |
| 6. Los estudios que se hacen para una licenciatura son bastante profundos y variados. | ☐ | ☐ |
| 7. Por lo general, la especialización no se «declara» el primer año de estudios universitarios. | ☐ | ☐ |

Now resume listening.

**D. Entrevista.** You will hear a series of questions. Each will be said twice. Answer, based on your own experience. Pause and write the answers. Note that in number six, you will need to write a longer answer.

1. _____
2. _____
3. _____
4. _____
5. _____
6. _____

_____
_____
_____
_____
_____

## Mi diario

Escriba en su diario unos párrafos sobre las ventajas y desventajas de la profesión u oficio que piensa seguir. Recuerde usar palabras conectivas.

**Frases útiles**

| | |
|---|---|
| de todas maneras | *anyway* |
| en cambio | *on the other hand* |
| por otra parte | *on the other hand* |
| sin embargo | *however* |

Considere los siguientes puntos.

- la satisfacción personal
- las ventajas o desventajas económicas
- las horas de trabajo
- el costo del equipo profesional cuando empiece a trabajar
- la posible necesidad de mudarse para encontrar empleo o para establecer su propia oficina

Si Ud. no ha decidido todavía qué carrera va a seguir, escriba sobre alguien que Ud. conoce (puede entrevistarlo/la), pero haga referencia a los mismos puntos.

# Póngase a prueba

## A ver si sabe...

**A. Future Verb Forms.** Complete la siguiente tabla.

| INFINITIVO | YO | UD. | NOSOTROS | ELLOS |
|---|---|---|---|---|
| **llevar** | llevaré | | | |
| **poder** | | podrá | | |
| **saber** | | | sabremos | |
| **salir** | | | | saldrán |
| **venir** | | | | |

**B. Subjunctive and Indicative after Conjunctions of Time.** Escoja la forma verbal correcta.

1. Ahorraré más en cuanto _____ un aumento de sueldo.

   **a.** me den   **b.** me dan   **c.** me darán

2. Su madre piensa jubilarse cuando _____ 60 años.

   **a.** tendrá   **b.** tiene   **c.** tenga

3. Siempre cobro mi cheque cuando lo _____.

   **a.** recibo   **b.** recibí   **c.** reciba

4. Tan pronto como _____ a casa, te llamaremos.

   **a.** volvemos   **b.** volvamos   **c.** volveremos

5. No podré sacar mi saldo de cuenta hasta que el banco me _____ el estado de cuenta.

   **a.** manda   **b.** mandé   **c.** mande

6. ¡Antes que _____, mira lo que haces!

   **a.** te casas   **b.** te cases   **c.** te casaste

# Prueba corta

**A. El futuro.** Complete las oraciones con el futuro del verbo entre paréntesis.

1. Mañana, si tengo tiempo, _____ (**ir**) a la biblioteca.

2. Elena va a comprar una casa y el lunes _____ (**hacer**) el primer pago.

3. No quiero ir a ese café. Allí _____ (**haber**) mucha gente.

4. Cuando reciba mi cheque, lo _____ (**poner**) en el banco.

5. No le prestes dinero a Enrique. No te lo _____ (**devolver**) nunca.

**B. ¿Indicativo o Subjuntivo?** Complete las oraciones con el indicativo o el subjuntivo del verbo entre paréntesis, según el contexto.

1. Pagaremos la factura tan pronto como la _____ (*nosotros:* **recibir**).

2. Te daré un cheque después de que _____ (*yo:* **depositar**) dinero en mi cuenta corriente.

3. No podré comprar un coche hasta que _____ (*yo:* **poder**) ahorrar más dinero.

4. En el banco me pidieron la licencia de manejar cuando _____ (**ir**) a cobrar un cheque.

5. Viajaremos a Madrid en cuanto se _____ (**terminar**) las clases.

6. El verano pasado yo siempre iba a la playa en cuanto _____ (**tener**) tiempo.

7. Me graduaré cuando _____ (**pasar**) todos mis exámenes.

**C. ¿Cuándo?** You will hear a series of statements about what your friends plan to do. Ask them when they plan to do these things, using the future tense. Follow the model.

MODELO: (*you hear*) Voy a pagar mis cuentas → (*you say*) ¿Cuándo *las pagarás*?
(*you hear*) Las pagaré la próxima semana.

1. ... 2. ... 3. ... 4. ... 5. ...

**D. Cosas de todos los días: Empleos diversos.** Practice talking about what people in various jobs do or will do, using the written cues. When you hear the corresponding number, form sentences using the words provided in the order given, making any necessary changes or additions. Use the indicative or the subjunctive, as appropriate. ¡OJO! You will need to make changes to adjectives and add articles and prepositions, if appropriate.

MODELO: (*you see*) **1.** técnica / arreglar (*future*) / computadoras / cuando / llegar / oficina
(*you hear*) uno →
(*you see*) La técnica *arreglará las* computadoras cuando *llegue a la* oficina.

2. periodista (*m.*) / entrevistar (*future*) / empleados / antes de que / publicarse / artículo
3. vendedora / siempre / depositar (*present*) / cheques / después de que / recibirlos
4. ingeniera / viajar (*future*) / Acapulco / cuando / jubilarse
5. veterinario / mudarse (*future*) / tan pronto como / encontrar / nuevo / oficina
6. traductora / siempre / hacer (*present*) / traducción / en cuanto / leer / documentos
7. obreros / no / trabajar (*future*) / hasta que / recibir / bueno / aumento de sueldo

CAPÍTULO **17**

# Paso 1 Vocabulario

## Las noticias

❖**A.** **¿Cómo se entera Ud. de las noticias?** Indique con qué frecuencia hace Ud. las siguientes cosas.

|  | SIEMPRE | A VECES | NUNCA |
|---|---|---|---|
| 1. Escucho las noticias en el radio. | ☐ | ☐ | ☐ |
| 2. Miro el noticiero de las seis de la tarde en la televisión. | ☐ | ☐ | ☐ |
| 3. Leo periódicos extranjeros. | ☐ | ☐ | ☐ |
| 4. Veo programas en la Televisión Pública. | ☐ | ☐ | ☐ |
| 5. Leo una revista como *Time* o *Newsweek*. | ☐ | ☐ | ☐ |
| 6. Leo un periódico local. | ☐ | ☐ | ☐ |
| 7. Miro un noticiero en español. | ☐ | ☐ | ☐ |
| 8. Me comunico con amigos por el Internet. | ☐ | ☐ | ☐ |

**B.** **Definiciones.** Complete las definiciones con la forma apropiada de las palabras de la lista.

acontecimiento    enterarse    huelga
asesinato    esperanza    paz
dictador    guerra    prensa

1. Saber de un acontecimiento por primera vez es _____ de él.

2. La libertad de _____ es el derecho de publicar libremente periódicos, revistas y libros.

3. Una _____ es un conflicto armado entre dos o más naciones o grupos.

4. Una _____ es la acción de dejar de trabajar para protestar por algo.

5. Un _____ es un jefe supremo que tiene poder (*power*) absoluto.

6. Un _____ es un crimen violento en el que muere la víctima.

7. Lo contrario de la guerra es la _____.

8. Un _____ se refiere a algo que pasó o un evento.

9. Algunas personas han perdido la _____ de vivir en paz porque hay tantas guerras y violencia en el mundo.

❖C.  **Ud. y las noticias.** ¿Está Ud. de acuerdo o no con las siguientes declaraciones?

|  |  | ESTOY DE ACUERDO. | NO ESTOY DE ACUERDO. |
|---|---|---|---|
| 1. | No hay más desastres naturales hoy en día que hace cincuenta años (*fifty years ago*). La diferencia es que los medios de comunicación traen las noticias más rápidamente hoy. | ☐ | ☐ |
| 2. | Prefiero enterarme de las noticias por la televisión porque no tengo tiempo para leer el periódico. | ☐ | ☐ |
| 3. | Seleccionan a los reporteros de la televisión por su apariencia física y no por su habilidad analítica. | ☐ | ☐ |
| 4. | En este país se da poca importancia a los acontecimientos que ocurren en Latinoamérica. | ☐ | ☐ |
| 5. | Prefiero no mirar las noticias porque siempre son malas. | ☐ | ☐ |

❖D.  **Encuesta: ¿Con qué frecuencia... ?** You will hear a series of statements about different ways of learning about what goes on in the world. For each statement, check the appropriate answer. No answers will be given. The answers you choose should be correct for you!

|  | TODOS LOS DÍAS | DE VEZ EN CUANDO | CASI NUNCA |
|---|---|---|---|
| 1. | ☐ | ☐ | ☐ |
| 2. | ☐ | ☐ | ☐ |
| 3. | ☐ | ☐ | ☐ |
| 4. | ☐ | ☐ | ☐ |
| 5. | ☐ | ☐ | ☐ |
| 6. | ☐ | ☐ | ☐ |
| 7. | ☐ | ☐ | ☐ |
| 8. | ☐ | ☐ | ☐ |

E.  **El noticiero del Canal 10.** You will hear a brief "newsbreak" from a television station. Then you will hear a series of statements about the newscast. Circle **C**, **F**, or **ND**.

1.  C  F  ND     2.  C  F  ND     3.  C  F  ND     4.  C  F  ND     5.  C  F  ND

# El gobierno y la responsabilidad cívica

A.  **Más definiciones.** Complete las definiciones con la forma apropiada de las palabras de la lista.

ciudadano     derecho     discriminación     ejército     reina     rey

1.  Un _____ es algo que la Constitución y las leyes garantizan a todos los _____.

2.  El _____ / La _____ es el jefe / la jefa de una monarquía.

3.  El _____ es una organización militar que defiende el país.

4.  La _____ es el trato (*treatment*) desigual que se le da a una persona o un grupo.

**B. Las últimas noticias.** Complete con las palabras apropiadas del vocabulario. Algunas palabras se repiten.

Buenas noches. El Canal 25 les ofrece el _____[1] (*news broadcast*) de las ocho, con

nuestros _____[2] (*reporters*) Teresa Frías y Jaime Cienfuegos.

Teresa: París. El _____[3] (*event*) más notable del día es la _____[4]

(*strike*) iniciada por los _____[5] (*workers*) de los transportes públicos, que ha

paralizado casi por completo la vida en la capital francesa. La huelga incluye a los trabajadores de

los ferrocarriles[a] y, por esta razón, los viajeros[b] a muchas ciudades francesas han perdido la

_____[6] (*hope*) de llegar hoy a su destino.[c] El Ministro del Interior ha declarado en

una rueda[d] de _____[7] (*press*) que la huelga significa un _____[8]

(*disaster*) económico de grandes proporciones; espera que no dure más de tres o cuatro días.

Cuando el jefe del Sindicato[e] de Trabajadores de Transporte _____[9] (*found out*) de lo

que había dicho el Ministro, comentó: —La huelga va a durar hasta que se resuelva la

_____[10] (*inequality*) de salarios ahora existente—. Como es de esperar[f] en estos

casos, ha habido algunos incidentes de violencia, y Jaime Cienfuegos nos _____[11]

(*informs*) sobre lo que pasó esta mañana.

Jaime: Unos obreros en huelga atacaron esta mañana a tres camiones[g] de la Compañía

Francesa de Petróleo cerca de la Estación de San Lázaro. Según varios _____[12]

(*witnesses*), los camiones fueron detenidos[h] cuando cruzaban las vías[i] del ferrocarril y fueron

incendiados[j] por tres obreros, mientras que los _____[13] (*others*) aplaudían. El

embotellamiento de tráfico[k] que se produjo causó varios _____[14] (*collisions*) de

automóviles. Felizmente no hubo daños personales serios. El público espera que la

_____[15] (*peace*) se restablezca pronto entre los trabajadores y los dueños...

Teresa: ¡Últimas _____[16] (*news*)! Acabamos de enterarnos del

_____[17] (*assassination*) del último _____[18] (*dictator*) de Maldivia.

No hay detalles todavía, pero se teme que este _____[19] (*event*) precipite una

_____[20] (*war*) civil entre los militares que apoyaban[l] al _____[21]

(*dictator*) y los izquierdistas radicales.

[a]*railroads* [b]*travelers* [c]*destination* [d]*conference* [e]*Union* [f]*Como... As might be expected* [g]*trucks* [h]*detained* [i]*tracks* [j]*set on fire* [k]*embotellamiento... traffic jam* [l]*supported*

❖C. **Preguntas personales.** Conteste con oraciones completas.

1. ¿Votó Ud. en las últimas elecciones?

   _____

2. ¿Obedece Ud. la ley de manejar a un máximo de 70 millas por hora en las autopistas?

   _____

3. ¿Ha sido Ud. alguna vez testigo o víctima de un crimen violento?

   _____

4. ¿Cree Ud. que la libertad de prensa incluye también el derecho de distribuir material porno-gráfico por el Internet?

   _____

5. ¿Cree Ud. que el servicio militar debe ser obligatorio en este país?

   _____

6. ¿Cree Ud. que el gobierno debe sacrificar nuestros derechos civiles en la lucha (*fight*) contra el terrorismo?

   _____

7. ¿Es justo que los puertorriqueños tengan que servir en el ejército de este país pero que no puedan votar por el presidente?

   _____

D. **Definiciones.** You will hear a series of statements. Each will be said twice. Place the number of the statement next to the word that is best defined by each. First, listen to the list of words.

_____ una guerra          _____ la testigo

_____ la prensa           _____ el reportero

_____ un dictador         _____ la huelga

_____ los terroristas      _____ el noticiero

E. **Opiniones.** You will hear a series of statements. Each will be said twice. React to each statement, using expressions chosen from the list. Be sure to express your own opinion. You will hear a possible answer. If you prefer, pause and write the answers.

Dudo que...                 Es verdad que...

Es cierto que...            No es cierto que...

1. _____

2. _____

3. _____

4. _____

5. _____

6. _____

# Pronunciación y ortografía: Intonation, Punctuation, and Rhythm (Review of Linking)

**A. La entonación.** As you have probably noticed throughout the Audio Program and from listening to your instructor in class, intonation plays an important role in Spanish. The meaning of a sentence can change according to its intonation and punctuation. Listen to the following sentences. The arrows indicate a falling or rising intonation.

Los reporteros están aquí. ↘ (*statement*)

¿Los reporteros están aquí? ↗ (*question*)

¡Los reporteros están aquí! ↗ ↘ (*exclamation*)

**B. Repeticiones.** Repeat the following sentences, paying particular attention to punctuation, intonation, and rhythm.

1. ¿Ya destruyeron el edificio? ↗

2. ¡Es imposible que construyan eso en la ciudad! ↘

3. ¿Ya hablaste con la consejera? ↗

4. Prepararon la cena, ¿verdad? ↘ ↗ Espero que ya esté lista (*ready*) porque ¡tengo mucha hambre! ↘ ↘

5. Ojalá que no perdamos el vuelo… ↘ Tenemos que estar en Los Ángeles antes de las ocho de la noche. ↘

**C. La entonación.** When you hear the corresponding number, read the following sentences. Then repeat them, imitating the speaker. Write in arrows to indicate rising or falling intonation. Be sure to check your answers in the Appendix.

1. Enero es el primer mes del año.

2. ¡No entiendo lo que me estás diciendo!

3. ¿Trabajaba en una tienda?

4. No olvides el diccionario la próxima vez, ¿eh?

5. Nació el catorce de abril de mil novecientos sesenta y uno.

6. ¿Adónde crees que vas a ir a estas horas de la noche?

**D. Dictado.** You will hear the following sentences. Each will be said twice. Listen carefully for intonation. Repeat what you hear, then punctuate each sentence.

1. Cuál es tu profesión      Te pagan bien

2. Tú no la conoces verdad

3. Prefiere Ud. que le sirva la comida en el patio

4. Qué ejercicio más fácil

5. No sé dónde viven pero sí sé su número de teléfono

##  Los hispanos hablan: Más sobre las ciudades hispánicas

When asked about some of the differences between U.S. cities and the Hispanic city in which she lives, Cecilia mentioned that some of the laws were different. As you listen to her answer, write down the effect she thinks each law or situation has on the population.

| LEY O SITUACIÓN | RESULTADO |
|---|---|
| 1. Un horario para volver a casa | _____ <br> _____ |
| 2. Una edad permitida para tomar bebidas alcohólicas | _____ <br> _____ |
| 3. Los chicos mayores de 18 años están en la universidad | _____ <br> _____ |

# Paso 2 Gramática

**44. *¡No queríamos que fuera así!* • Past Subjunctive**

**A. Formas verbales.** Escriba la tercera persona plural (*ellos*) del pretérito y la forma indicada del imperfecto de subjuntivo.

|  | PRETÉRITO |  | IMPERFECTO DE SUBJUNTIVO |
|---|---|---|---|
| hablar → | hablaron | → yo | hablara |
| 1. aprender | _____ | yo | _____ |
| 2. decidir | _____ | yo | _____ |
| 3. sentar | _____ | tú | _____ |
| 4. jugar | _____ | tú | _____ |
| 5. querer | _____ | tú | _____ |
| 6. hacer | _____ | Ud. | _____ |
| 7. tener | _____ | Ud. | _____ |
| 8. poner | _____ | Ud. | _____ |
| 9. traer | _____ | nosotros | _____ |
| 10. venir | _____ | nosotros | _____ |
| 11. seguir | _____ | nosotros | _____ |
| 12. dar | _____ | Uds. | _____ |
| 13. ser | _____ | Uds. | _____ |
| 14. ver | _____ | Uds. | _____ |

❖**B. De niño/a.** Ahora Ud. puede tomar sus propias decisiones, pero cuando era niño/a, casi todo lo que hacía dependía de la voluntad de sus padres. Indique si a Ud. le pasaba o no lo siguiente cuando era niño/a.

|  | SÍ | NO |
|---|---|---|
| 1. Era necesario que tomara el autobús para ir a la escuela. | ☐ | ☐ |
| 2. Mis padres insistían en que hiciera mis tareas antes de salir a jugar. | ☐ | ☐ |
| 3. Mi madre insistía en que limpiara mi alcoba antes de acostarme. | ☐ | ☐ |
| 4. Era obligatorio que ayudara con los quehaceres de la casa. | ☐ | ☐ |
| 5. No me permitían que saliera de noche. | ☐ | ☐ |
| 6. Me prohibían que mirara mucho la televisión. | ☐ | ☐ |
| 7. Mi madre siempre me decía que dijera «Gracias» cuando alguien me regalaba algo. | ☐ | ☐ |

**C. ¿Qué querían todos?** Complete las oraciones con la forma apropiada del imperfecto de subjuntivo de los verbos entre paréntesis.

1. Enrique quería que yo...
   a. _____ (**ir**) con él.
   b. _____ (**almorzar**) con él.
   c. _____ (**empezar**) la cena.
   d. _____ (**hacer**) el café.

2. Ellos esperaban que tú...
   a. _____ (**poder**) visitarlos.
   b. _____ (**recordar**) la fecha.
   c. _____ (**estar**) allí.
   d. _____ (**venir**) hoy.

3. Ellos nos pidieron que...
   a. _____ (*nosotros:* **despertarlos**).
   b. _____ (**poner**) la mesa.
   c. _____ (**sentarnos**).
   d. _____ (**llamarlos**).

4. Pepe dijo que no iría (*wouldn't go*) a menos que ellos...
   a. le _____ (**ofrecer**) más dinero.
   b. le _____ (**dar**) otro empleo.
   c. le _____ (**decir**) la verdad.
   d. le _____ (**conseguir**) otro coche.

**D. Más deseos.** Escriba lo que cada persona quería que la otra hiciera. Siga el modelo.

MODELO: LUISA: Enrique, cómprame una botella de vino. →
Luisa quería que Enrique le comprara una botella de vino.

1. PEPE: Gloria, tráeme las llaves.

   _____

2. ANA: Carla, dime la verdad.

   _____

3. DAVID: Miguel, acuéstate temprano.

   _____

4. RITA: Ernesto, no te enojes tanto y sé más paciente.

   _____

**E. Hablando con su profesor(a) de español.** Write the following sentences in Spanish. Use the past subjunctive to express these softened requests and statements. Then add one of your own invention.

1.  I would like to see you in your office.

_____

2.  I would like to see all my grades (**notas**).

_____

3.  My classmates and I would like to take our last exam again (**otra vez**).

_____

❖4. _____

❖**F.  ¡Ojalá!** Complete las oraciones según sus propios deseos.

1.  ¡Ojalá que yo pudiera _____!

2.  ¡Ojalá que mis amigos y yo pudiéramos _____!

3.  ¡Ojalá que tuvieras _____!

4.  ¡Ojalá que hoy fuera _____!

❖**G.  Antes de empezar mi primer año en la universidad...** Haga por lo menos tres oraciones sobre los consejos que le dieron sus padres a Ud. antes de que empezara su primer semestre/trimestre en la universidad. O, si quiere, puede dar los consejos que Ud. le(s) dio a su(s) hijo(s) en la misma situación.

> Mis padres me dijeron/pidieron que...
> Esperaban/Dudaban/Temían que...
> Insistían en que...
> (No) Querían que...

**Frases útiles**
buscar un apartamento bueno pero económico
cuidarse mucho
empezar a fumar / beber alcohol
escribirles dos veces al mes
estudiar mucho
gastar dinero en ropa
tener problemas serios con las clases
volver a casa los fines de semana

1.  _____

2.  _____

3.  _____

_____

**H. Minidiálogo: ¡Qué pena que no nos lleváramos bien!** You will hear a dialogue in which Elisa talks about her childhood and her mother. Then you will hear a series of statements. Circle **C, F,** or **ND.**

1. C   F   ND          4. C   F   ND

2. C   F   ND          5. C   F   ND

3. C   F   ND

❖**I. Encuesta: Hablando de la escuela secundaria.** You will hear a series of statements about what your life was like in high school. For each statement, circle **C** or **F.** No answers will be given. The answers you choose should be correct for you!

1. C   F        4. C   F        7. C   F

2. C   F        5. C   F        8. C   F

3. C   F        6. C   F        9. C   F

**J. ¿Qué esperaba?** Answer the following questions using the oral cues.

1. ¿Qué esperaba Ud. que hiciera el robot antes de la fiesta?

   MODELO: (*you hear*) lavar las ventanas → (*you say*) Esperaba que lavara las ventanas.

   a. ...   b. ...   c. ...   d. ...

2. ¿Qué esperaba Ud. que hicieran los invitados durante la fiesta?

   MODELO: (*you hear*) bailar → (*you say*) Esperaba que bailaran.

   a. ...   b. ...   c. ...   d. ...

**K. Recuerdos de un viaje.** Imagine that you have recently returned from a trip abroad and your friends want to know all the details. Tell them about some of the things you had to do, using the oral cues. Begin each sentence with **Fue necesario que...** ¡OJO! You will be using the past subjunctive in your answers.

   1. ...   2. ...   3. ...   4. ...

**L. ¿Qué quería Ud.?** Imagine that you are never happy with your family's plans. What would you rather have done? Use the oral cues to tell what you preferred. Begin each sentence with **Yo quería que...**

   MODELO: (*you see and hear*) Ayer cenamos en un restaurante.   (*You hear*) en casa →
   (*you say*) Yo quería que cenáramos en casa.

   1. Ayer vimos una película.
   2. El mes pasado fuimos a la playa.
   3. Anoche miramos un programa de televisión.
   4. Para mi cumpleaños, me regalaron un estéreo.
   5. Esta noche mi madre sirvió patatas en la cena.

# Paso 3 Gramática

 ## Un poco de todo

**A. Repaso de las noticias.** Vuelva a leer «Las últimas noticias» en la página 137 de este cuaderno y conteste las preguntas con oraciones completas.

1. ¿A qué hora ofrece un noticiero el Canal 25? _____

_____

2. ¿De qué trata (*deals*) la noticia que viene de París? _____

_____

3. ¿Qué temen muchos viajeros franceses por causa de la huelga? _____

_____

4. Económicamente, ¿qué significa la huelga para el país? _____

_____

5. ¿Qué dice el Ministro del Interior acerca del (*about the*) fin de la huelga? _____

_____

6. Y ¿qué comenta el Jefe del Sindicato cuando se entera de lo que ha dicho el Ministro?

_____

_____

7. ¿Qué acontecimiento violento ocurrió cerca de la Estación de San Lázaro? _____

_____

8. ¿Qué hicieron los obreros con los camiones? _____

9. ¿Qué ocurrió como resultado de la congestión de tráfico? _____

_____

10. ¿Qué acaba de pasar en la nación de Maldivia? _____

_____

11. ¿Qué dice la reportera en cuanto a la posibilidad de una guerra en ese país? __ _____

_____

**B. Lectura.** Lea la breve lectura y conteste las preguntas.

---

## Noticias de última hora  24 de junio

**Los Ángeles.** Pepe Crow, artista ecuatoriano, residente en los Estados Unidos desde hace muchos años,[a] lamentaba hoy que la Cámara de Comercio de Hollywood no le hubiera dado —por enésima[b] vez— una estrella en el Paseo de la Fama a Carlos Gardel, compositor e intérprete de tangos argentinos.

Para protestar y conmemorar al mismo tiempo el aniversario de la muerte de Gardel, Crow y los miembros de su comité —y todo el público que quiera asistir— se reunirán hoy lunes, 24 de junio, en la esquina del Bulevar Hollywood y Vine, para manifestar su desacuerdo con la decisión de la Cámara de Comercio.

Artistas de origen latino, como la puertorriqueña Rita Moreno, el cubano Andy García y el mexicano Ricardo Montalbán, ya tienen su estrella en la famosa avenida de las estrellas.

**México, D.F.** Miles de estudiantes, candidatos al nivel de bachillerato[c] en la Ciudad de México, se presentaron en las instalaciones de la Alberca[d] Olímpica de la capital para tomar el examen único que es requisito para los candidatos. Los estudiantes dijeron que en la zona metropolitana no hay suficientes escuelas preparatorias, colegios de bachilleres y colegios vocacionales para los 262.000 solicitantes que necesitan cumplir con estos estudios para entrar en la universidad.

---

[a]desde... *for many years*  [b]*eleventh*  [c]*high school*  [d]Piscina

**Comprensión**

1. ¿Por qué protestan hoy Pepe Crow y otros residentes hispánicos de Los Ángeles?

_____

2. ¿Qué se conmemora hoy?

_____

3. ¿Cuántas veces ha pedido Pepe Crow a la Cámara de Comercio de Hollywood que honre a Gardel?

_____

4. ¿Quiénes son algunos de los artistas latinos que ya tienen una estrella en el Paseo de la Fama?

_____

5. ¿Dónde se presentaron miles de estudiantes para tomar el examen para empezar el bachillerato?

_____

6. ¿Es obligatorio o electivo este examen?

_____

7. ¿Cuál es el problema que tienen los estudiantes del D.F. que quieren entrar en la universidad?

_____

8. ¿Es obligatorio que todos los estudiantes en los Estados Unidos tomen un examen para entrar en la universidad?

_____

**C. Situaciones.** Complete las oraciones con la forma apropiada del verbo entre paréntesis. Use el presente o el pasado (pretérito o imperfecto) de indicativo, o el presente, el presente perfecto o el imperfecto de subjuntivo.

1. **(llegar)**

   ¿Por qué te enojas tanto? Antes, nunca te importaba que nosotros _____ tarde.

   Ahora siempre te enojas cuando _____ atrasados. Si insistes en que

   _____ a tiempo, lo haremos.

2. **(ir)**

   De niño/a, (yo) siempre _____ con mis padres a visitar a mis parientes los domingos.

   Siempre insistían en que _____ con ellos, aunque no me gustaba mucho. Cuando yo

   sea padre/madre, no voy a insistir en que mis hijos _____ conmigo de visita.

3. **(conocer)**

   —Ayer (yo) _____ al hermano de tu novia. ¡Qué simpático es!

   —¿Ah, sí? Me alegro que lo _____, por fin. Yo quería que (tú) lo

   _____ en la última fiesta que dimos, pero no pudiste venir.

**D. Una fiesta de sorpresa.** Complete la narración con la forma apropiada de los verbos en el pretérito, el imperfecto o el imperfecto de subjuntivo.

Enrique _____[1] (**llamar**) a Elena para que lo _____[2] (**ayudar**) con

una fiesta de cumpleaños para su hermano Jorge. Le _____[3] (**pedir**) que ella

_____[4] (**hacer**) una ensalada de frutas y que _____[5] (**traer**) unas

sillas. Esperaba que su hermano no _____[6] (**saber**) que iba a venir mucha gente

porque _____[7] (**querer**) darle una sorpresa. Les _____[8] (**recomendar**)

a todos que _____[9] (**venir**) temprano para que así _____[10] (**poder**)

estar todos reunidos antes de que Jorge _____[11] (**volver**) de la oficina.

**E. En el periódico.** You will hear a series of headlines from a Hispanic newspaper. Each will be said twice. Listen and write the number of each headline next to the section of the newspaper to which it belongs. First, listen to the list of sections.

_____ Sociales _____ Política _____ Clasificados

_____ Deportes _____ Negocios _____ Espectáculos
(*Entertainment*)

**❖F. Descripción: Escenas actuales.** You will hear the following cartoon caption. Then you will hear a series of questions. Each will be said twice. Answer, based on the cartoon and your own experience. Pause and write the answers.

Bob Schroeder

—Lo bueno de las campañas políticas
es que no te las pueden repetir.

1. _____
   _____
2. _____
   _____
3. _____
   _____
4. _____
   _____

# Paso 4  Un paso más

## 🎧 ◼ Videoteca*

**Entrevista cultural: La República Dominicana**

You will hear an interview with Mildred Delorba. After listening, pause and circle **C** if the statement is true or **F** if the statement is false. First, pause and read the statements.

1. C  F  Mildred es de la República Dominicana.

2. C  F  Ella trabaja en la universidad.

3. C  F  A ella le gustaría ser extranjera algún día.

4. C  F  A ella le interesa informar a la juventud de lo que acontece en otros países.

5. C  F  Según Mildred, el terrorismo y la destrucción del medio ambiente son dos de los problemas más grandes.

6. C  F  El objeto que trae Mildred muestra (*shows*) varios aspectos de la cultura, la historia y la economía de su país.

Now resume listening.

**Entre amigos: Por eso sí protestaría.**

The four students answer a question about current problems in their respective countries. Listen carefully to their answers to the question and mark the problems they mention. The names are listed in the order in which the question is answered. Check your answers in the Appendix.

|  | KARINA | RUBÉN | MIGUEL RENÉ | TANÉ |
|---|---|---|---|---|
| la corrupción | ☐ | ☐ | ☐ | ☐ |
| la crisis económica | ☐ | ☐ | ☐ | ☐ |
| la crisis social | ☐ | ☐ | ☐ | ☐ |
| la delincuencia | ☐ | ☐ | ☐ | ☐ |
| la educación | ☐ | ☐ | ☐ | ☐ |
| la inseguridad | ☐ | ☐ | ☐ | ☐ |
| la intolerancia | ☐ | ☐ | ☐ | ☐ |
| la libertad de prensa | ☐ | ☐ | ☐ | ☐ |
| el paro | ☐ | ☐ | ☐ | ☐ |
| la pobreza | ☐ | ☐ | ☐ | ☐ |
| la poca democracia | ☐ | ☐ | ☐ | ☐ |
| la (crisis) política | ☐ | ☐ | ☐ | ☐ |

---

*These **Videoteca** videoclips are available on the Video on CD for *¿Qué tal?*, Seventh Edition.

# Enfoque cultural: La República Dominicana

A. **¿Cierto o falso?** Indique si las siguientes oraciones son ciertas o falsas.

1. C  F  El merengue es el plato nacional de la República Dominicana.

2. C  F  En 1697, los Estados Unidos cedió la isla de La Española a España.

3. C  F  Santo Domingo fue la primera ciudad europea del Hemisferio Occidental.

4. C  F  La Española es una isla compartida por (*shared by*) dos países.

5. C  F  La primera catedral de las Américas se encuentra en la Ciudad Colonial.

B. **Preguntas.** Conteste brevemente las siguientes preguntas.

1. ¿A qué país cedió España el tercio occidental de lo que se llamaba La Española? ¿Cómo se llama esa parte hoy en día?

   _____

2. ¿Cómo se celebra el Festival del Merengue?

   _____

3. ¿Por qué designó la UNESCO a Santo Domingo como la cuna de la civilización en América?

   _____

#  ¡Repasemos!

**A. El mundo en el nuevo milenio.** Lea el artículo y conteste las preguntas.

Al final del milenio anterior, el mundo fue testigo de importantes cambios políticos, sociales y económicos, entre ellos la reunificación de las dos Alemanias y la desintegración de la Unión Soviética. Ambos fueron ejemplos del triunfo de la voluntad popular en sus esfuerzos por la democratización de sus gobiernos y sistemas económicos.

Sin embargo, en este nuevo milenio, todavía hay mucho que hacer para convertir a nuestro planeta en un lugar de paz y armonía para todos. El mundo entero continúa siendo testigo de crueles y violentas intervenciones militares en África, en el sur de Asia y en algunas regiones de Hispanoamérica. También, el conflicto entre israelitas y palestinos ha revivido con mayor intensidad y pone en peligro la paz, no sólo en el Oriente Medio sino[a] en el mundo entero. Otra causa de preocupación es la falta de protección suficiente del medio ambiente y la contaminación industrial del aire y las aguas de los océanos y ríos. Las advertencias[b] sobre la destrucción de la capa de ozono que nos protege de la radiación solar son más alarmantes cada año.

Las frecuentes noticias que vemos en la televisión, leemos en los periódicos y escuchamos en la radio nos advierten[c] que si queremos sobrevivir[d] el nuevo milenio es urgente que los gobiernos y cada uno de nosotros trabajemos para crear un mundo mejor, un mundo en el cual todos podamos vivir en paz y en armonía con la naturaleza.

[a]*but*  [b]*warnings*  [c]*warn*  [d]*survive*

## Comprensión

1. ¿Cuál fue un cambio político importante al final del milenio pasado?

   _____

   _____

2. ¿Dónde ha habido intervenciones militares?

   _____

   _____

3. ¿Qué conflicto pone en peligro la paz del mundo?

   _____

   _____

4. ¿Cuáles son los problemas que afectan negativamente la salud de la gente en todo el planeta? _____

   _____

   _____

5. ¿Qué sugiere el dibujo? _____

   _____

   _____

EN CASO DE DEMOCRACIA RÓMPASE EL VIDRIO[a]

[a]*En... In case of democracy break glass*

**B.** *Listening Passage:* **Resumen de las noticias**

**Antes de escuchar.** You will hear a news brief on the radio, just as it would be if you were listening to it in a Hispanic country. After you listen to the passage, you will be asked to complete the following statements about it. Pause and scan them now to get a general idea of the information to look for.

*Noticia 1:* Fuerte maremoto en _____, de más de _____ puntos en la escala Richter.

*Noticia 2:* Tema: _____ Mes: _____

*Noticia 3:* Visita de Juan Carlos I, _____ de _____. Duración de la visita: _____

*Noticia 4:* Propuesta del partido de oposición para _____ el precio de la _____, el _____ y el _____, el primero en un _____ por ciento y los dos últimos en un _____ por ciento. El próximo noticiero de amplio reportaje será a las _____.

Now resume listening.

*Listening Passage.* The following words and phrases appear in the passage.

| | | | |
|---|---|---|---|
| el mediodía | *noon* | el paro | *unemployment* |
| la redacción | *editorial desk* | la propuesta | *proposal* |
| el maremoto | *seaquake* | el apoyo | *support* |
| sin hogar | *homeless* | nos sintonicen | *you tune in to us (our broadcast)* |

**Después de escuchar.** Now complete the statements in **Antes de escuchar.**

**C. Entrevista.** You will hear a series of questions. Each will be said twice. Answer, based on your own experience. Pause and write the answers.

1. _____
2. _____
3. _____
4. _____
5. _____
6. _____

## ❖ Mi diario

Escriba en su diario sobre alguna noticia que le haya afectado profundamente a Ud. (o a su familia o amigos). Describa el acontecimiento y los efectos que tuvo sobre Ud. (o sobre su familia o amigos). Mencione si este acontecimiento fue reportado en algún medio de información. Puede comenzar de la siguiente manera:

Un acontecimiento que me ha afectado (que me afectó) profundamente ha sido (fue)...

# Póngase a prueba

## ◼ A ver si sabe...

### Past Subjunctive

1. Complete la siguiente tabla.

| INFINITIVO | YO | TÚ | NOSOTROS | ELLOS |
|---|---|---|---|---|
| **aprender** | aprendiera | | | |
| **decir** | | dijeras | | |
| **esperar** | | | esperáramos | |
| **poner** | | | | pusieran |
| **seguir** | | | | |

2. Cambie al pasado los verbos indicados.

   a. Quiero que *vayan*.      Quería que _____.

   b. No hay nadie que *pueda* ir.      No había nadie que _____ ir.

   c. Piden que les *demos* más.      Pidieron que les _____ más.

   d. Dudamos que *sea* verdad.      Dudábamos que _____ verdad.

## ◼ Prueba corta

**A. Oraciones.** Complete las oraciones con el imperfecto de subjuntivo.

1. El gobierno quería que todos _____ (**obedecer**) la ley.

2. Perdón, ¿_____ (**poder**) Ud. decirme a qué hora sale el autobús para Teotihuacán?

3. Era necesario que los reporteros _____ _____ (**dar**) más importancia a los problemas de los jóvenes.

4. Mis padres siempre insistían en que _____ (*yo:* **decir**) la verdad.

5. El rey Juan Carlos I prefería que la gente lo _____ (**tratar**) como a cualquier otro ciudadano.

6. Pedro, ¿_____ (*tú:* **querer**) acompañarme a la estación de policía?

**B. Apuntes.** You will hear a brief paragraph that tells about a political campaign. Listen carefully and, while listening, write the information requested. Write all numbers as numerals. First, listen to the requested information.

el nombre de la candidata que perdió las elecciones: _____

el nombre del candidato que ganó las elecciones: _____

el porcentaje (*percentage*) de ciudadanos que votó por la candidata que perdió: _____

la cuestión (*issue*) principal de la campaña: _____

**C. Cosas de todos los días: Comentarios sobre la política y los acontecimientos.** Practice talking about politics, using the written cues. When you hear the corresponding number, form sentences using the words provided in the order given, making any necessary changes or additions. Use the indicative or the subjunctive, as appropriate. ¡OJO! You will need to make changes to adjectives and add articles and prepositions, if appropriate.

MODELO: (*you see*) **1.** ciudadanos / insistían en / que / gobierno / gobernar / responsablemente   (*you hear*) uno →
(*you say*) *Los* ciudadanos insistían en que *el* gobierno *gobernara* responsablemente.

2. queríamos / que / reporteros / informarnos / acontecimientos
3. candidatos / esperaban / que / público / apoyarlos
4. todos / insistían en / que / gobierno / castigar / criminales
5. dudaban / que / gobierno / poder / economizar
6. nadie / quería / que / haber / huelga
7. a / políticos / les sorprendió / que / huelga / durar / tanto / meses
8. era increíble / que / empleados / pedir / aumento / tan / grande

CAPÍTULO **18**

# Paso 1 Vocabulario

## ■ Lugares y cosas en el extranjero

**A. Consejos a un turista americano en España.** Complete las oraciones con la forma apropiada de las palabras de la lista. A veces hay más de una respuesta posible.

| | |
|---|---|
| bar | farmacia |
| café | papelería |
| champú | paquete |
| copa | parada |
| correo | pastelería |
| estación | quiosco |
| estanco | sello |

1. Se puede comprar sellos o sobres en un _____ o en el _____.

2. Puede comprar el jabón, la pasta dental y el _____ en una _____.

3. Aquí en España se puede conseguir fósforos y cigarillos en un _____.

4. Si Ud. quiere tomar un trago o una _____ de vino, vaya a un

   _____ o a un _____.

5. Si Ud. necesita enviar (*to send*) una carta o un _____, tiene que llevarlos al correo.

6. Si Ud. necesita comprar un periódico o una revista, vaya a un _____.

7. Si Ud. tiene ganas de unos pastelitos o un batido, irá a una _____.

8. Para tomar el metro, hay que ir a la _____ del metro; para tomar el autobús,

   hay que ir a la _____ del autobús.

**B. Descripción.** Identify the following items when you hear the corresponding number. Begin each sentence with **Es un...** , **Es una...** , or **Son...**

1. ... 2. ... 3. ... 4. ... 5. ... 6. ... 7. ... 8. ...

## En un viaje al extranjero

**A. Viajando por el extranjero.** Indique si las siguientes declaraciones son ciertas o falsas. Si Ud. nunca ha viajado, consulte con alguien que lo haya hecho.

1. C  F  Cuando se hace un viaje al extranjero, hay que llevar pasaporte.

2. C  F  Siempre es necesario tener visa para entrar a otro país.

3. C  F  Hay que declarar en la aduana todas las compras hechas en el extranjero.

4. C  F  El inspector de aduanas siempre pide el pasaporte (u otro documento de identificación).

5. C  F  Si se declaran menos de $800, no es necesario presentar las facturas.

B. **Cruzando la frontera.** Complete la narración con la forma apropiada de las palabras de la lista.

| aduanas | formulario | pasaporte | registrar |
|---------|-----------|-----------|-----------|
| cruzar | nacionalidad | pedir | viajero |

Ayer (yo) _____[1] la frontera yendo de España a Francia. El inspector de

_____[2] primero me pidió el _____[3] y luego me preguntó si tenía

algo que declarar. Yo le dije que no y naturalmente me dejó pasar sin pagar nada. También me

preguntó cuánto tiempo iba a quedarme en Francia. Le contesté que seis semanas. Debo tener

cara[a] de persona honesta porque él apenas[b] examinó mis maletas. Sin embargo, una

_____[4] de _____[5] francesa que volvía a su país tuvo muchos

problemas. Después de _____le[6] el pasaporte, el agente la hizo abrir una maleta y

empezó a _____la[7] cuidadosamente.[c] Cuando encontró unos artículos que ella

seguramente no había declarado en su _____,[8] le puso una multa[d] que ella pagó

muy descontenta.

[a]*face*  [b]*scarcely*  [c]*carefully*  [d]*fine*

C. **Un hotel de lujo.** Complete la narración con la forma apropiada de las palabras de la lista.

| alojarse | confirmar | huésped |
|----------|-----------|---------|
| botones | de lujo | pensión |
| completo | desocupado | propina |
| con anticipación | ducha | recepción |

Antes, cuando viajaba por el extranjero siempre me quedaba en una _____,[1] nunca

en un hotel _____.[2] La última vez que fui a Bogotá, le escribí primero al dueño de

la pensión Monte Carlo para reservar una habitación con pensión _____.[3]

Desgraciadamente no había ninguna habitación libre para la fecha que yo necesitaba. Entonces

mandé un fax al Hotel Internacional para ver si tenían una habitación _____.[4] Muy

pronto me contestaron del hotel para _____[5] mi reservación para el 18 de agosto.

Cuando llegué al hotel había varios empleados en la _____.[6] Me dieron una

buena habitación porque la había reservado _____.[7] El _____[8] llevó

mis maletas a mi habitación y le di una _____.[9] Felizmente mi cuarto tenía un

baño privado con _____[10] y una vista preciosa de la ciudad. En la recepción conocí

a varios _____[11] del hotel que eran estudiantes chilenos.

Después de _____[12] en ese hotel, creo que prefiero un hotel de lujo a una

simple pensión.

**❖D. Encuesta: ¿Qué hizo Ud. en su último viaje?** You will hear a series of questions about what you did on your last trip. For each question, check the appropriate answer. No answers will be given. The answers you choose should be correct for you!

1. ☐ Sí    ☐ No

2. ☐ Sí    ☐ No

3. ☐ Sí    ☐ No

4. ☐ Sí    ☐ No

5. ☐ Sí    ☐ No

6. ☐ Sí    ☐ No

7. ☐ Sí    ☐ No

8. ☐ Sí    ☐ No

9. ☐ Sí    ☐ No

10. ☐ Sí    ☐ No

**E. Definiciones.** You will hear a series of definitions. Each will be said twice. Write the number of the definition next to the word or phrase that is best defined by each. First, listen to the list of words and phrases.

_____ viajar a otro país

_____ el formulario de inmigración

_____ la nacionalidad

_____ el huésped

_____ la frontera

_____ el pasaporte

**F. Descripción.** Describe what these people are doing, using the written cues and the verbs you will hear for each segment of the drawing. Use present progressive forms (**estar + -ndo**).

1. los pasajeros  2. los turistas  3. el turista  4. el inspector  5. el turista

# 🎧 Pronunciación y ortografía: Nationalities

**A. Repeticiones.** Repeat the following names of countries and the nationalities of those who were born there.

1. Nicaragua, nicaragüense
   el Canadá, canadiense
   los Estados Unidos, estadounidense
   Costa Rica, costarricense
2. la Argentina, argentino
   el Perú, peruana
   Colombia, colombiano
   Bolivia, boliviana

3. el Uruguay, uruguayo
   el Paraguay, paraguaya
4. Honduras, hondureño
   Panamá, panameña
   el Brasil, brasileño
5. Guatemala, guatemalteca
   Portugal, portugués
   Inglaterra, inglesa

**B. Los países y las nacionalidades.** Now you will hear a series of nationalities. Each will be said twice. Repeat each and write the number of the nationality next to the country of origin. First, listen to the list of countries.

_____ Chile                  _____ el Ecuador

_____ El Salvador            _____ Venezuela

_____ Puerto Rico            _____ Israel

**C. Repaso general: Refranes**

**Paso 1.** Pause and match the number of the Hispanic proverb with its English equivalent. ¡OJO! There is no equivalent English proverb in some cases, just a literal translation.

a. _____ He who sleeps gets swept away.

b. _____ There is an exception to every rule.

c. _____ Every cloud has a silver lining.

d. _____ Everything has a purpose.

e. _____ Nothing is impossible.

f. _____ The early bird catches the worm.

g. _____ Tell it like it is.

1. Llamar al pan, pan y al vino, vino.
2. El agua para bañarse, el vino para beberse.
3. Quien mucho duerme, poco aprende.
4. No hay mal que por bien no venga.
5. No hay regla sin excepción.
6. No hay montaña tan alta que un asno cargado de oro no la suba.
7. Camarón que se duerme, se lo lleva la corriente.

Now resume listening.

**Paso 2.** When you hear the corresponding number, read the proverbs. Then listen to the correct pronunciation and repeat it.

1. Llamar al pan, pan y al vino, vino.
2. El agua para bañarse, el vino para beberse.
3. Quien mucho duerme, poco aprende.
4. No hay mal que por bien no venga.
5. No hay regla sin excepción.
6. No hay montaña tan alta que un asno cargado de oro no la suba.
7. Camarón que se duerme, se lo lleva la corriente.

**D. Dictado.** You will hear a series of sentences. Each will be said twice. Write what you hear. Pay close attention to punctuation.

1. _____

2. _____

3. _____

_____

4. _____

_____

5. _____

# Los hispanos hablan: Una aventura en el extranjero

You will hear Clara's story of a trip to the city of Fez, which is in Morocco (**Marruecos**). The story is divided into two parts. The first time you listen to the story, try to get the gist of the narration. Then listen again, or as many times as necessary, for specific information. After you hear each part of the story, pause and answer the true/false items.

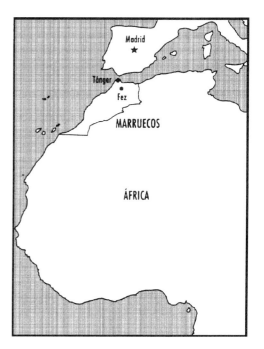

**Parte 1.** The following words and phrases appear in the first part of the story.

| | |
|---|---|
| hacer transbordo | *to change planes* |
| Tánger | *Tangiers* |
| la plaza | el asiento |
| el croquis | *sketch* |

1. C F Clara viajó a Marruecos para estudiar árabe.

2. C F Clara tomó un vuelo directo de Madrid a Fez.

3. C F El vuelo de Madrid a Tánger fue fácil.

4. C F El aeropuerto de Tánger era muy moderno.

Now resume listening.

**Parte 2.** The following words and phrases appear in the second part of the story.

| | | | |
|---|---|---|---|
| el destino | *destination* | chapurreado | *poor* |
| se levantasen | *they got up* | el sello | *official stamp* |
| las hélices | *propellers* | a punto de estallar | *about to explode* |

1. C F Clara usó el color de su tarjeta de embarque para saber qué vuelo tomar.

2. C F Todo —el avión, el aeropuerto, el pasajero que se sentó con ella— tenía aspecto de película.

3. C F Cuando llegó a Fez, Clara ya había pasado por la aduana.

4. C F El padre de Clara ya estaba en el aeropuerto de Fez cuando el avión de su hija aterrizó (*landed*).

# Paso 2 Gramática

## 45. Expressing What You Would Do • Conditional Verb Forms

**A. ¿Qué haría Ud.?** Si Ud. pudiera hacer un viaje a la Península de Yucatán, ¿cuáles de estas actividades serían lógicas y posibles de hacer?

1. ☐ Iría en avión.
2. ☐ Practicaría mi español.
3. ☐ Visitaría las ruinas incaicas.
4. ☐ Nadaría en el Océano Pacífico.

5. ☐ Escucharía tangos en los clubes nocturnos.
6. ☐ Saldría de noche y me divertiría mucho.
7. ☐ Llevaría ropa de invierno porque haría frío.
8. ☐ Sacaría fotos de Chichén Itzá.

**B. Formas verbales.** Cambie al condicional.

MODELO: ver: yo → vería

1. **bajar:** yo _____
2. **saber:** tú _____
3. **querer:** Ud. _____
4. **poder:** Jorge _____

5. **hacer:** nosotros _____
6. **ser:** nosotros _____
7. **decir:** Uds. _____
8. **poner:** ellas _____

**C. Si fuera al mar Caribe...** Haga oraciones para describir lo que Ud. haría si fuera al Caribe. Haga todos los cambios necesarios.

Yo...

1. salir / en / crucero (*cruise ship*) / desde / Ft. Lauderdale

   _____

2. ir / Puerto Rico / y / visitar / parque / nacional / El Yunque

   _____

3. (no) gastar / todo / mi / dinero / en / casinos / de San Juan

   _____

4. poder / practicar / francés / Martinique

   _____

5. mandarles / tarjetas postales / mi / amigos

   _____

6. hacer / mucho / compras / en / St. Thomas / porque / no / tener / pagar / impuestos

   _____

   _____

**D. Minidiálogo: La fantasía de Yolanda Torres-Luján.** You will hear Yolanda, a very busy businesswoman, describe what she would do with some time off. Then you will hear a series of statements. Circle the number of the statement that best summarizes her description.

1.    2.    3.

**E. ¿Qué harían para mejorar las condiciones?** Using the oral and written cues, tell what the following people would like to do to improve the world.

> MODELO: (*you hear*) Gema  (*you see*) eliminar las guerras →
> (*you say*) Gema eliminaría las guerras.

1. desarrollar otros tipos de energía
2. construir viviendas para todos
3. resolver los problemas domésticos
4. eliminar el hambre y las desigualdades sociales
5. protestar por el uso de las armas atómicas

**F. ¿Qué haría Ud. en Madrid?** When you hear the corresponding number, tell what you would do in Madrid. Use the written cues.

> MODELO: (*you hear*) uno  (*you see*) **1.** quedarse en un buen hotel →
> (*you say*) Me quedaría en un buen hotel.

2. comunicarse en español
3. ir al Museo del Prado
4. conocer la ciudad
5. comer paella

**G. ¡Entendiste mal!** Form statements about your plans, using the written cues when you hear the corresponding numbers. Make any necessary changes or additions. When your friend Alicia misunderstands your statements, correct her. Follow the model.

> MODELO: (*you see*) llegar / trece / junio →
> (*you say*) UD.: Llegaré el trece de junio.
> (*you hear*) ALICIA: ¿No dijiste que llegarías el tres?
> (*you say*) UD.: No, te dije que llegaría el trece. Entendiste mal.

1. estar / bar / doce
2. estudiar / Juan
3. ir / vacaciones / junio
4. verte / casa

---

# Nota comunicativa: If I were you, I would...

**Consejos apropiados.** ¿Qué consejos les daría Ud. a estas personas famosas? Complete Ud. las oraciones con la forma apropiada del condicional del verbo indicado.

1. A Jodie Foster:  Si yo fuera Ud., no _____ (**aceptar**) una invitación para cenar con Anthony Hopkins.

2. A Julio César:  Si yo fuera Ud., no _____ (**confiarse** [*to trust*]) de Bruto.

3. A Ana Bolena:  Si yo fuera Ud., no _____ (**casarse**) con Enrique VIII.

4. A Abraham Lincoln:  Si yo fuera Ud., no _____ (**ir**) al Teatro Ford.

5. A Alejandro Magno:  Si yo fuera Ud., no _____ (**volver**) a Babilonia.*

6. A Janet Leigh:  Si yo fuera Ud., no _____ (**ducharse**) en el Motel Bates.

---

*Alejandro Magno murió de una fiebre en Babilonia.

# Paso 3 Gramática

## Un poco de todo

❖**A. ¿Dónde se alojaría Ud.?** Lea los tres anuncios y conteste las preguntas. Note Ud. que los hoteles en España están clasificados de una a cinco estrellas, siendo cinco la categoría superior.

1. Si Ud. fuera a Madrid, ¿en cuál de los tres hoteles se quedaría?

   _____

2. ¿De cuántas estrellas es el hotel que Ud. eligió en el número 1? _____

3. Dé por lo menos tres razones para explicar por qué se quedaría en ese hotel.

   _____

   _____

   _____

**B. Situaciones.** Complete este resumen de dos situaciones que tratan sobre (*deal with*) viajes. Use el pasado (pretérito, imperfecto o imperfecto de subjuntivo). Cuando se den dos posibilidades, escoja la correcta.

*En la aduana argentina*

En la aduana, una viajera colombiana le _____[1] (**entregar**) su pasaporte al inspector

y le aseguró que su maleta _____[2] (**contener**) sólo objetos de uso personal y que

no _____[3] (**tener**) _____[4] (**nada / algo**) que declarar. De todos

modos,[a] él le _____[5] (**pedir / preguntar**) que _____[6] (**abrir**) su

maleta. Como no encontró nada ilegal, el inspector le permitió _____[7] (**salir**).

*En la fila de inmigraciones, Uruguay*

El inspector le _____[8] (**preguntar / pedir**) a un viajero argentino cuánto tiempo

_____[9] (**pensar**) quedarse. Cuando el viajero le dijo que dos semanas, el inspector

le _____[10] (**dar**) un mes.

[a]De... *Nevertheless*

**C. Diálogo.** Complete este diálogo entre un inspector de aduanas y Ud.

INSPECTOR: ¿Su nacionalidad?

UD.: _____[1]

INSPECTOR: Déme su pasaporte, por favor.

UD.: _____[2]

INSPECTOR: ¿Tiene Ud. algo que declarar?

UD.: _____[3]

INSPECTOR: ¿Qué trae Ud. en esa maleta pequeña?

UD.: _____[4]

INSPECTOR: ¿Me hace el favor de abrirla?

UD.: _____[5]

INSPECTOR: Todo está en orden. Muchas gracias.

**D. De vacaciones en el extranjero.** You will hear a brief paragraph describing a series of actions and events. Number the actions listed below from one to ten in the order in which they occur in the paragraph.

First, listen to the list of actions.

_____ aterrizar (*to land*) en Madrid          __1__ visitar la agencia de viajes

_____ hacer las maletas                        _____ ir al hotel

_____ recoger los boletos                      _____ sentarse en la sección de fumar

_____ despegar (*to take off*) otra vez        _____ bajar del avión

__9__ pasar por la aduana                         __5__ hacer escala en Londres (*London*)

Now resume listening.

# Paso 4  Un paso más

## Videoteca*

**Entrevista cultural: España**

You will hear an interview with Margarita Durán. After listening, pause and circle **C** if the statement is true or **F** if the statement is false. First, pause and read the statements.

1. C F Margarita es de la Argentina.
2. C F Ella trabaja en un hospital.
3. C F El abuelo de Margarita era el dueño original del hotel.
4. C F Margarita trabaja con otros miembros de su familia.
5. C F Una ventaja de su trabajo es que se puede conocer a mucha gente de todos lugares.
6. C F Para Margarita, el objeto que trae representa su infancia.

Now resume listening.

**Entre amigos: Tengo mi pasaje a San Francisco.**

The four students answer questions about their travels. Listen carefully to the answers to the two questions and write the letter of the country each friend mentions. The names are listed in the order in which each of the questions is answered.

*¿Has viajado alguna vez al extranjero? Cuéntanos algo de tu viaje.*

1. Rubén _____
2. Tané _____
3. Karina _____
4. Miguel René _____

a. la Argentina
b. Belice
c. Costa Rica
d. España
e. los Estados Unidos
f. India
g. Italia

*Si pudieras vivir por una temporada en cualquier lugar del mundo, ¿en dónde te gustaría vivir?*

5. Karina _____
6. Miguel René _____
7. Rubén _____
8. Tané _____

## Enfoque cultural: España

Conteste brevemente las siguientes preguntas.

1. ¿Durante qué años dominaron los romanos en España? _____
2. ¿Qué lenguas se derivan del latín en la Península Ibérica? _____
3. ¿Qué dos acontecimientos importantes en la historia de España tuvieron lugar en 1492? _____
_____
4. ¿Cuántos siglos duró el dominio (*reign*) de los árabes en España? _____
5. ¿Cuáles fueron los dos grupos expulsados en 1492? _____
6. ¿Qué temas satiriza el cineasta Pedro Almodóvar en sus películas? _____
_____

*These **Videoteca** videoclips are available on the Video on CD to accompany *¿Qué tal?*, Seventh Edition.

## ❖■ ¡Repasemos!

**A. Planes frustrados.** Complete la narración con la forma apropiada de los verbos indicados. Use el presente o el pasado de indicativo o de subjuntivo, o el condicional.

Ayer, unos amigos me llamaron para preguntarme si _____[1] (**tener**) tiempo para ir

con ellos a un restaurante argentino y luego al cine. Yo les dije que yo _____[2] (**hacer**)

todo lo posible por terminar mi trabajo antes de que _____[3] (**ser**) hora de salir. Les

pedí que _____[4] (**pasar**) por mi casa, pues era probable que _____[5]

(*yo:* **acabar**) a tiempo. Desgraciadamente no pude hacerlo, y cuando _____[6] (**tocar**)

el timbre,[a] todavía me faltaba mucho por hacer.[b] Yo les prometí que _____[7] (**ir**) en

mi propio coche más tarde y que los _____[8] (**encontrar**) después para ir juntos al

cine. Cuando finalmente _____[9] (*yo:* **terminar**) mi trabajo, _____[10]

(**ser**) tan tarde que _____[11] (**decidir**) quedarme en casa. _____[12]

(*Yo:* **Llamar**) al restaurante para avisarles[c] que no _____[13] (**poder**) ir. Les dije que

sería mejor que _____[14] (*yo:* **salir**) con ellos otro día.

Mis amigos son personas muy interesantes y si yo no tuviera que trabajar tanto, me

_____[15] (**encantar**) pasar más tiempo con ellos.

[a]tocar... *they rang the doorbell*   [b]me... *I had a lot left to do*   [c]*tell them*

## ❖B. La historia de Buttercup.
Lea esta selección sobre un lugar muy especial y conteste las preguntas.

En Costa Rica, en el bosque tropical cerca de Puerto Limón, hay un refugio privado, llamado Aviarios del Caribe, dedicado a la protección y rehabilitación de más de 300 especies de pájaros residentes y migratorios, y otros animales.

En septiembre de 1992 llevaron a una perezosa de tres dedos[a] a este santuario. La gente la había rescatado[b] cuando su madre murió atropellada[c] por un coche. Los dueños de este refugio, Luis y Judy Arroyo, la llamaron Buttercup y, como sólo tenía tres meses, la cuidaron como a una bebé. Hoy día sigue viviendo allí y es una de las mayores atracciones del refugio. Aviarios del Caribe es hoy un centro importante donde trabajan varios voluntarios de todas partes del mundo en el rescate, protección y rehabilitación de los perezosos y otros animales salvajes. En cuanto estos animales están rehabilitados, los sueltan[d] para que vuelvan a vivir a su habitat natural.

[a]perezosa... *three-toed sloth*   [b]había... *had rescued*   [c]*run over*   [d]*they release*

1. ¿Qué es Aviarios del Caribe? _____

2. ¿Dónde está? _____

3. ¿Por qué llevaron a Buttercup al refugio? _____

4. ¿Cuál es la misión de Aviarios del Caribe? _____

_____

5. ¿Qué se hace con los animales cuando están rehabilitados? _____

6. ¿Tendría Ud. interés en trabajar allí de voluntario? _____

## C. *Listening Passage:* **La vida de los exiliados**

**Antes de escuchar.** Pause and do the following prelistening exercise.

Entre las personas de diferentes nacionalidades hispánicas que viven en los Estados Unidos, los cubanos forman un grupo importante. Conteste las siguientes preguntas sobre la comunidad cubanoamericana.

1. ¿Dónde viven los cubanoamericanos, principalmente?

   _____

2. Muchos cubanos llegaron a los Estados Unidos dentro de un corto período de tiempo. ¿Por qué emigraron?

   _____

3. ¿Qué tipo de gobierno existe en Cuba hoy día? ¿Cómo se llama la persona que gobierna Cuba actualmente?

   _____

4. ¿Pueden los ciudadanos norteamericanos viajar libremente a Cuba?

   _____

Now resume listening.

*Listening Passage.* Now you will hear a passage about the immigration of a Cuban family to the United States. The following words appear in the passage.

| | |
|---|---|
| por si fuera poco | *as if that were not bad enough* |
| el internado | *internship, residency* |
| el comercio | *business* |
| echamos de menos | *we miss, long for* |
| que en paz descanse | *may she rest in peace* |

**Después de escuchar.** Circle the letter of the phrase that best completes each statement, based on the listening passage.

1. Esta familia, como muchas otras familias cubanas, llegó a los Estados Unidos...
   a. a principio de los años ochenta.
   b. hace poco.
   c. a principio de los años sesenta.
2. Emigraron porque...
   a. no estaban de acuerdo con el gobierno.
   b. no tenían trabajo.
   c. tenían problemas con la discriminación.
3. Al llegar a Florida...
   a. todo fue fácil para ellos.
   b. el esposo pudo encontrar trabajo como médico.
   c. fue necesario que el esposo tuviera dos trabajos.
4. Los padres todavía...
   a. echan de menos su país.
   b. quisieran vivir en la Cuba de Fidel Castro.
   c. piensan que fue un error salir de Cuba.

Now resume listening.

**D. Entrevista final.** You will hear a series of questions or situations followed by questions. Each will be said twice. Answer, based on your own experience. Model answers will be given for the last two questions. Pause and write the answers.

1. _____
2. _____
3. _____
4. _____
5. _____
   _____
   _____
   _____
   _____
6. _____
   _____
   _____
   _____

## ❖ Mi diario

Imagine que Ud. es uno de «los ricos y famosos» y que le gustaría hacer un viaje espléndido. Planee su viaje, incluyendo los siguientes datos.

- adónde iría
- a quién invitaría
- cómo viajaría
- dónde se alojaría
- la ropa que llevaría
- las cosas que haría en ese lugar

# Póngase a prueba

## A ver si sabe...

**Conditional Verb Forms**

1. Complete la siguiente tabla.

| INFINITIVO | YO | UD. | NOSOTROS | ELLOS |
|------------|----|----|----------|-------|
| **comer**  |    | comería |        |       |
| **decir**  |    |    |          |       |
| **poder**  |    |    | podríamos |      |
| **salir**  |    |    |          |       |
| **ser**    |    |    |          | serían |

2. Complete las oraciones con la forma apropiada del condicional.

   a. Dije que _____ (*yo:* **ir**) con ellos el sábado.

   b. Dije que _____ (*nosotros:* **hacerlo**) mañana.

   c. Dije que _____ (*Uds.:* **volver**) a las cuatro.

   d. Dije que no _____ (*yo:* **tener**) tiempo.

## ■ Prueba corta

**A. Oraciones.** Complete las oraciones con el indicativo (incluyendo el futuro y el condicional) o el subjuntivo.

   1. Si él tenía tiempo, _____ (**ir**) al cine.

   2. Si tengo dinero el verano próximo, _____ (**viajar**) al Ecuador.

   3. Jorge dijo que _____ (**venir**) a buscarnos a las siete.

   4. Si viviera en San Diego, yo _____ (**tener**) un apartamento en la playa.

   5. Si yo fuera ella, _____ (**escribir**) una novela sobre mi vida.

   6. Si ellos tuvieran interés en trabajar, _____ (**conseguir**) cualquier tipo de trabajo.

   7. Si estoy cansado/a, no _____ (**hacer**) ejercicio.

   8. Si estudiaran más, _____ (**salir**) mejor en los exámenes.

**B. ¿Qué haría Ud. si... ?** You will hear a series of questions. Answer, using cues chosen from the following list. First listen to the list. ¡OJO! There is an extra cue.

> confirmar las reservaciones
> declarar mis compras
> conseguir un pasaporte
> ir a la pastelería
> alojarme en un hotel de lujo
> ir a la oficina de correos

   1. ... 2. ... 3. ... 4. ... 5. ...

**C. Descripción: ¿Unos discos estupendos?** You will hear a series of questions. Each will be said twice. Answer, based on the cartoon on page 170. Pause and write the answers. As you look at the cartoon and listen to the questions, keep in mind that the tourist in the drawing wants to go to Kiland, an imaginary country where Kiland is spoken. First, pause and look at the cartoon.

   1. _____
   2. _____
   3. _____
   4. _____
   5. _____
   6. _____

# QUINO

© Quino/Quipos

*Appendix 1*

CAPÍTULO **9**

# Paso 1 Vocabulario

## Pasatiempos, diversiones y aficiones

❖**A.** **¿Qué hace Ud.?** ¿Con qué frecuencia hace Ud. estas actividades durante un fin de semana típico?

| | CASI NUNCA | A VECES | CON FRECUENCIA |
|---|---|---|---|
| 1. Doy paseos (por un centro comercial, por la playa). | ☐ | ☐ | ☐ |
| 2. Hago una fiesta con algunos amigos. | ☐ | ☐ | ☐ |
| 3. Voy al cine. | ☐ | ☐ | ☐ |
| 4. Visito un museo. | ☐ | ☐ | ☐ |
| 5. Juego a las cartas. | ☐ | ☐ | ☐ |
| 6. Paseo en bicicleta. | ☐ | ☐ | ☐ |
| 7. Hago *camping* con amigos. | ☐ | ☐ | ☐ |
| 8. Asisto a un concierto. | ☐ | ☐ | ☐ |

**B.** **Diversiones.** Complete las oraciones según los dibujos.

1. **a.** A las personas en esta escena (*scene*) les gusta _____.

   **b.** Los dos hombres _____.

   **c.** Los tres amigos _____.

   **d.** La chica _____.

2. **a.** Los hombres en el parque _____.

   **b.** Tres personas hacen cola delante del _____ Colón.

   **c.** Dos personas van a visitar el _____ de Arte

   Moderno.

3. **Palabras útiles**       el cine       pasarlo bien

                            divertido     la película

   ELSA:   Estoy cansada de estudiar. Quiero

           hacer algo _____.[a]

   LISA:   ¿Qué te parece si vamos al _____[b] Bretón? Ponen

           _____[c] *El señor de los anillos.*

   ELSA:   Buena idea. Necesito salir de esta casa. ¡Quiero _____[d]!

❖C. **¿ A quién le gusta... ?** ¿A cuál de sus amigos le gustan estos pasatiempos?

MODELO: (hacer *picnics*) → A Maritere le gusta hacer *picnics.*
(A ninguno de mis amigos le gusta hacer *picnics.*)

1. (montar a caballo) _____

2. (patinar) _____

3. (hacer *camping*) _____

4. (esquiar) _____

5. (nadar) _____

6. (pasear en bicicleta) _____

**D. Gustos y preferencias.** You will hear a series of descriptions of what people like to do. Each will be said twice. Listen carefully, and circle the letter of the activity or activities that are best suited to each person.

| | | | | |
|---|---|---|---|---|
| 1. | **a.** nadar | **b.** jugar al ajedrez | **c.** tomar el sol |
| 2. | **a.** dar fiestas | **b.** ir al teatro | **c.** ir a un bar |
| 3. | **a.** ir a un museo | **b.** hacer *camping* | **c.** hacer un *picnic* |
| 4. | **a.** pasear en bicicleta | **b.** esquiar | **c.** correr |
| 5. | **a.** jugar al fútbol | **b.** ir a un museo | **c.** ir al cine |

**E. Las actividades y el tiempo.** You will hear a series of descriptions of weather and activities. Write the number of the description next to the corresponding picture. ¡OJO! Listen carefully. There is an extra description.

**a.** _____

**b.** _____

**c.** _____

**d.** _____

Nombre _____ Fecha _____ Clase _____

 **Los quehaceres domésticos**

**A. Los quehaceres domésticos.** Describa lo que hacen las personas en cada dibujo. Use el presente del progresivo cuando sea (*whenever it is*) posible.

1.    2.    3.

1. _____

2. _____

3. _____

**B. Los aparatos domésticos.** Dé el nombre del aparato apropiado.

1. Cocinamos en _____.   4. Tostamos el pan en _____.

2. Lavamos los platos en _____.   5. Preparamos el café en _____.

3. Limpiamos las alfombras con _____.   6. Lavamos la ropa en _____.

❖**B. Preguntas personales.** Haga un inventario de los aparatos eléctricos que tiene y de los que le gustaría tener en su cocina.

Tengo _____.

Me gustaría tener _____.

**C. Mandatos para el nuevo robot.** Imagine that your family has been chosen to test a model robot in your home. Tell the robot what to do in each of the following situations, using the oral cues. ¡OJO! You will be using **Ud.** command forms.

MODELO: (*you hear*) uno   (*you see*) → 
(*you say*) Lave los platos.

1.

2.    3.    4.    5.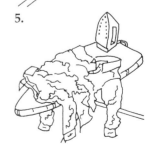

# 🎧 Pronunciación y ortografía: *p* and *t*

**A. Repeticiones.** Like the [k] sound, Spanish **p** and **t** are not aspirated as they are in English. Compare the following pairs of aspirated and nonaspirated English sounds.

        pin / spin   pan / span   tan / Stan   top / stop

Repeat the following words, imitating the speaker.

| | | | | | |
|---|---|---|---|---|---|
| **1.** | pasar | patinar | programa | puerta | esperar |
| **2.** | tienda | todos | traje | estar | usted |

Now, read the following phrases and sentences after you hear the corresponding number. Repeat the correct pronunciation after the speaker.

| | | | |
|---|---|---|---|
| **3.** | una tía trabajadora | **5.** | Tomás, toma tu té. |
| **4.** | unos pantalones pardos | **6.** | Pablo paga el periódico. |

**B. Repaso: [p], [t], [k].** You will hear a series of words. Each will be said twice. Circle the letter of the word you hear.

| | | | | | | | | | |
|---|---|---|---|---|---|---|---|---|---|
| **1.** | **a.** | pata | **b.** | bata | **4.** | **a.** | dos | **b.** | tos |
| **2.** | **a.** | van | **b.** | pan | **5.** | **a.** | de | **b.** | té |
| **3.** | **a.** | coma | **b.** | goma | **6.** | **a.** | callo | **b.** | gallo |

**C. Dictado.** You will hear four sentences. Each will be said twice. Listen carefully and write what you hear.

1. _____

2. _____

3. _____

4. _____

# 🎧 Los hispanos hablan: ¿Cuál es tu pasatiempo favorito?

**Paso 1.** You will hear two answers to this question. Listen carefully and, on a separate sheet of paper, jot down notes about what each person says. The following words appear in the answers.

| | |
|---|---|
| los aparadores | *display windows* |
| las sodas | *soda fountains* |
| los bancos | *benches* |

**Paso 2.** Now, pause and answer these questions. (Check your answers in the Appendix.)

1. ¿Qué actividades tienen en común las dos jóvenes?

    _____

    _____

2. ¿Qué pasatiempos no tienen en común Gabriela y Xiomara?

    _____

    _____

# Paso 2  Gramática

 **26. Descriptions and Habitual Actions in the Past • Imperfect of Regular and Irregular Verbs**

**A.  El cumpleaños de Clara.** Lea la siguiente descripción de cómo pasaba los cumpleaños Clara López Rubio cuando era niña. Escriba abajo las formas del imperfecto que encuentra en su descripción.

Los cumpleaños que más recuerdo son los que celebraba de pequeña. La casa siempre se llenaba de[a] gente: parientes, amiguitos míos[b] con sus padres... Mis amigos y yo debíamos hacer muchísimo ruido. Corríamos por la casa, comíamos patatas fritas y luego, al final, cortábamos la torta.[c] Yo siempre era la última en recibir un pedazo[d] y eso me molestaba mucho, sobre todo[e] porque en los cumpleaños de mi amigo Pablo, él siempre era el primero porque era «el anfitrión».[f]

[a]se... *would fill up with*   [b]*of mine*   [c]*pastel*   [d]*piece*   [e]*sobre... especialmente*   [f]*host*

1. _____     6. _____

2. _____     7. _____

3. _____     8. _____

4. _____     9. _____

5. _____    10. _____

**B.  Recuerdos juveniles.** (*Youthful Memories.*) Complete la narración con la forma apropiada del imperfecto de los verbos entre paréntesis.

Cuando _____[1] (*yo:* **tener**) catorce años, _____[2] (*nosotros:* **vivir**)

en el campo.[a] _____[3] (*yo:* **Ir**) al colegio[b] en una ciudad cerca de casa y a veces

_____[4] (*yo:* **volver**) tarde porque _____[5] (**preferir**) quedarme a

jugar con mis amigos. Ellos a veces _____[6] (**venir**) a visitarnos, especialmente

cuando _____[7] (**ser**) el cumpleaños de mi madre. Siempre lo

_____[8] (*nosotros:* **celebrar**) con una gran fiesta y ese día mi padre

_____[9] (**hacer**) todos los preparativos y _____[10] (**cocinar**) él

mismo.[c] Nos _____[11] (**visitar**) parientes de todas partes y siempre

_____[12] (**quedarse**) algunos con nosotros por dos o tres días.

Durante esos días _____[13] (*nosotros:* **dormir**) poco porque mis primos y yo

_____[14] (**acostarse**) en la sala de recreo y allí siempre _____[15]

(**haber**) gente hasta muy tarde. Todos nosotros lo _____[16] (**pasar**) muy bien. Pero

esos _____[17] (**ser**) otros tiempos, claro.

[a]*country(side)*   [b]*high school*   [c]*él... himself*

**C.** **La mujer de ayer y hoy.** Compare la vida de la mujer de la década de los años 50 con la vida que lleva hoy día. Use los infinitivos indicados. Siga el modelo. Luego escriba dos contrastes que Ud. ha observado (*have observed*) en la vida de su propia familia o de sus amigos.

     MODELO:  tener muchos hijos **/ /** tener familias pequeñas →
                    Antes tenía muchos hijos. Ahora tiene familias pequeñas.

1. depender de su esposo **/ /** tener más independencia económica

      _____

2. quedarse en casa **/ /** preferir salir a trabajar

      _____

3. sólo pensar en casarse (*getting married*) **/ /** pensar en seguir su propia carrera (*own career*)

      _____

4. su esposo sentarse a leer el periódico **/ /** ayudarla con los quehaceres domésticos

      _____

❖5. _____

❖6. _____

❖**D.** **Su pasado.** Conteste las preguntas sobre su vida cuando tenía 15 años.

1. ¿Dónde y con quién vivía Ud.? _____

2. ¿Cómo era su casa? _____

3. ¿A qué escuela asistía? ¿Cómo se llamaba su maestro preferido / maestra preferida en la

    escuela secundaria? ¿Cómo era él/ella? _____

    _____

4. ¿Qué materia le gustaba más? _____

5. ¿Qué tipo de estudiante era? ¿Siempre recibía buenas notas (*grades*)? _____

    _____

6. Generalmente, ¿qué hacía después de volver a casa? Y los fines de semana, ¿qué hacía? _____

    _____

**E.** **Minidiálogo: Diego habla de los aztecas.**

**Paso 1. Dictado.** You will hear the following paragraph in which Diego, a student from California who studied for one year in Mexico City, describes some aspects of Aztec culture. Listen carefully and write the missing words.

Los aztecas construyeron grandes pirámides para sus dioses.

En lo alto de cada pirámide _____[1] un

templo donde _____[2] lugar las ceremonias y

se _____[3] los sacrificios. Las pirámides _____[4]

muchísimos escalones, y _____[5] necesario subirlos todos para llegar a los templos.

Cerca de muchas pirámides _____⁶ un terreno como el de una cancha de

basquetbol. Allí se _____⁷ partidos que _____⁸ parte de una

ceremonia. Los participantes _____⁹ con una pelota de goma dura, que sólo

_____¹⁰ mover con las caderas y las rodillas...

**Paso 2. ¿Qué recuerda Ud.?** Now pause and complete the following sentences with words chosen from the list. (Check the answers in the Appendix.)

ceremonia   dioses   pirámides   religiosa   sacrificios

1. Los aztecas ofrecían _____ a sus _____.

2. El juego de pelota que se jugaba era parte de una _____.

3. Las _____ eran estructuras altas que tenían una función _____.

Now resume listening.

❖**F.** **Encuesta: ¿Qué hacía Ud. y cómo era cuando era joven?** You will hear a series of statements about what you used to do or what you were like when you were younger. For each statement, check the appropriate answer. No answers will be given. The answers you choose should be correct for you!

1. ☐ Sí ☐ No    4. ☐ Sí ☐ No    6. ☐ Sí ☐ No

2. ☐ Sí ☐ No    5. ☐ Sí ☐ No    7. ☐ Sí ☐ No

3. ☐ Sí ☐ No

**G. Describiendo el pasado: En la primaria.** Practice telling what you and others used to do in grade school, using the oral and written cues.

MODELO: (you see) (yo)   (you hear) jugar mucho → (you say) Jugaba mucho.

1. Rodolfo   2. (tú)   3. todos   4. (nosotros)

## 27. Expressing Extremes • Superlatives

**A. Opiniones sobre los deportes.** Expand the information in these sentences according to the model. Then if you don't agree with the statement, give your opinion on the line below.

MODELO: El golf es más aburrido que el fútbol. (todos) →
El golf es el deporte más aburrido de todos.
No estoy de acuerdo. El fútbol es el más aburrido.

1. El béisbol es más emocionante que el basquetbol. (todos)

_____

_____

2. Shaquille O'Neal es mejor jugador que Allen Iverson. (mundo)

_____

_____

3. El equipo de los Dallas Cowboys es peor que el de (*that of*) los 49ers. (todos)

_____

_____

4. El estadio (*stadium*) de Río de Janeiro, Brasil, es más grande que el de Pasadena. (mundo)

_____

_____

**B.  Las opiniones de Margarita**

**Paso 1. Apuntes.** You will hear a brief paragraph in which Margarita gives her opinions about a variety of topics. Listen carefully and write down her opinions. First, listen to the list of topics.

1. la fiesta más divertida del año: _____

2. el peor mes del año: _____

3. la mejor película del mundo: _____

4. el quehacer doméstico más aburrido: _____

❖**Paso 2.** Now pause and express your own opinion about the same topics. No answers will be given. The answers you choose should be correct for you!

En mi opinión...

1. La fiesta más divertida del año es _____

2. El peor mes del año es _____

3. La mejor película del mundo es _____

4. El quehacer doméstico más aburrido es _____

Now resume listening.

**C.  Sólo lo mejor...** Imagine that your friend's **quinceañera** has the best of everything. Answer some questions about it, using the written cues.

MODELO:  (*you see and hear*) Los vestidos son elegantes, ¿no?  (*you see*) fiesta →
(*you say*) Sí, son los vestidos más elegantes de la fiesta.

1. Antonio es un chico guapo,          3.  Y la comida, qué rica, ¿no? / mundo
   ¿verdad? / fiesta                    4.  La fiesta es divertida, ¿verdad? / año
2. La música es buena, ¿no? / mundo

# Paso 3 Gramática

## 28. Getting Information • Summary of Interrogative Words

**A. Situaciones.** Imagine that you have just met Rafael Pérez, an up-and-coming baseball player. Rafael's answers are given below. Write your questions, using the appropriate interrogative from each group. Use the **Ud.** form of verbs.

¿Qué?  ¿Dónde?  ¿Adónde?  ¿De dónde?  ¿Cómo?  ¿Cuál(es)?

1. —¿_____? —Me llamo Rafael Pérez.

2. —¿_____? —(Soy) de Bayamón, Puerto Rico.

3. —¿_____? —(Vivo) En el sur de California.

4. —¿_____? —Ahora voy al estadio.

5. —¿_____? —Voy a entrenarme con el equipo.

6. —¿_____? —(Mis pasatiempos favoritos) Son jugar al tenis y nadar.

¿Cuándo?  ¿Quién(es)?  ¿Por qué?  ¿Cuánto/a?  ¿Cuántos/as?

**Palabras útiles**  ganar (*to earn*)  lo suficiente (*enough*)

7. —¿_____? —Empecé a jugar en 1998.

8. —¿_____? —(Mis jugadores preferidos) Son Barry Bonds y Alex Rodríguez.

9. —¿_____? —Porque son los mejores jugadores del béisbol de todos los tiempos.

10. —¿_____? —Gano lo suficiente para vivir bien.

**B. Una amiga entrometida** (*nosy*). Una amiga llama a Cristina por teléfono. Complete el diálogo con las palabras interrogativas apropiadas.

AMIGA:  Hola, Cristina, ¿_____[1] estás?

CRISTINA:  Muy bien, gracias, ¿y tú?

AMIGA:  ¡Bien, gracias! ¿_____[2] estás haciendo?

CRISTINA:  Estaba estudiando con Gilberto Montero pero ya se fue.

AMIGA:  ¿_____[3] es Gilberto Montero?

CRISTINA:  Es un amigo de la universidad.

AMIGA:  ¿Ah, sí? ¿_____[4] es?

CRISTINA:  De Bogotá.

AMIGA:  ¡Ah! ¡Colombiano! Y, ¿_____[5] años tiene?

CRISTINA:  Veintitrés.

AMIGA:  ¿_____[6] es él?

CRISTINA: Es moreno, bajo, guapo y muy simpático.

AMIGA: ¡Ajá! ¿_____⁷ regresa tu amigo a su país?

CRISTINA: En julio, pero antes vamos juntosᵃ a San Francisco.

AMIGA: ¡A San Francisco! ¿_____⁸ van a San Francisco?

CRISTINA: Porque él quiere visitar la ciudad y yo tengo parientes allí...

AMIGA: ¿Y _____⁹ van a ir? ¿En avión?

CRISTINA: No, vamos en coche.

AMIGA: ¿_____¹⁰ coche van a usar?

CRISTINA: El coche de Gilberto. ¿Qué te parece?ᵇ

AMIGA: ¡Fantástico! Adiós, Cristina. Ahora tengo que llamar a Luisa.

ᵃtogether  ᵇ¿Qué... What do you think?

C. **Preguntas y respuestas.** You will hear a series of questions. Each will be said twice. Circle the letter of the best answer to each.

1. a. Es de Juan.          b. Es negro.
2. a. Están en México.     b. Son de México.
3. a. Soy alto y delgado.  b. Bien, gracias. ¿Y Ud.?
4. a. Mañana.              b. Tengo cinco.
5. a. Es gris.             b. Tengo frío.
6. a. Con Elvira.          b. Elvira va a la tienda.
7. a. A las nueve.         b. Son las nueve.

D. **¿Qué dijiste?** Your friend Eva has just made several statements, but you haven't understood everything she said. You will hear each statement only once. Choose either **¿Qué?** or **¿Cuál?** and form a question to elicit the information you need.

MODELO: (*you hear*) La capital del Perú es Lima.
(*you see*) **a.** ¿qué? **b.** ¿cuál? →
(*you say*) **b.** ¿Cuál es la capital del Perú?

1. a. ¿qué?    b. ¿cuál?
2. a. ¿qué?    b. ¿cuál?
3. a. ¿qué?    b. ¿cuál?
4. a. ¿qué?    b. ¿cuál?
5. a. ¿qué?    b. ¿cuál?

E. **Entrevista con la Srta. Moreno.** Interview Ms. Moreno, an exchange student, for your campus newspaper, using the written cues. Add any necessary words. You will hear the correct question, as well as her answer. Use her name only in the first question.

MODELO: (*you see*) **1.** → ¿dónde? / ser  (*you hear*) uno →
(*you say*) Srta. Moreno, ¿de dónde es Ud.? (*you hear*) Soy de Chile.

2. ¿dónde? / vivir
3. ¿dónde? / trabajar
4. ¿qué? / idiomas / hablar
5. ¿cuál? / ser / deporte favorito

## Un poco de todo

**A.** **¿Un día desastroso** (*disastrous*) **o un día de suerte** (*lucky*)? Complete la siguiente narración haciendo estos cambios.

1. Complete la narración en el pretérito (P) o el imperfecto (I), según las indicaciones.
2. Cambie los verbos marcados con * por la forma del gerundio solamente: esquiar* → esquiando.

Hace cinco o seis semanas,[a] Fernando Sack-Soria, un joven anglohispano del sur de España,

_____[1] (I, **pasar**) unas vacaciones _____[2] (**esquiar***) en Aspen,

Colorado. Allí _____[3] (P, **conocer**) por casualidad[b] a María Soledad Villardel,

también española, pero de Barcelona. Ella _____[4] (I, **visitar**) a unos amigos que

_____[5] (I, **vivir**) en Aspen.

   El primer encuentro[c] entre Fernando y Marisol (así llaman a María Soledad) fue casi

desastroso. Fernando _____[6] (I, **esquiar**) montaña abajo[d] a la vez[e] que Marisol

_____[7] (I, **estar**) cruzando distraída la pista de esquí.[f] Cuando Fernando la

_____[8] (P, **ver**), trató de evitar un choque.[g] _____[9] (P, **Doblar**[h]) brusca-

mente[i] a la izquierda y perdió el equilibrio. El joven se cayó[j] y _____[10] (P, **perder**)

uno de sus esquís. Marisol paró,[k] _____[11] (P, **ponerse**) muy avergonzada y, casi sin

pensarlo, le habló... en español.

   —¡Hombre, cuánto lo siento[l]! ¡No sé dónde llevaba la cabeza[m]! ¿_____[12]

(P, Tú: **Hacerse**) daño[n]?

   —¡No, de ninguna manera! La culpa fue mía.[o] Venía muy rápido —le dijo Fernando.

   —¡Por Dios! ¡Hablas español! —contestó ella muy sorprendida.

   —¡Claro! Soy español, de Jerez de la Frontera.

   —Y yo, de Barcelona. ¿Qué haces por aquí?

   —Ya ves, _____[13] (**esperar***) a una chica guapa con quien chocar[p] en Colorado

—dijo Fernando, _____[14] (**sacudirse***[q]) la nieve y _____[15] (**sonreír***)—.

¿Y tú?

   —¿Yo? Estaba en las nubes,[r] como siempre, y casi te causé un accidente serio.

   Para hacer corta la historia, desde ese día _____[16] (P, **hacerse**[s]) muy amigos y

ahora se escriben y se visitan cuando pueden.

[a]Hace... *Five or six weeks ago*  [b]por... *by chance*  [c]*meeting*  [d]montaña... *down the mountain*  [e]a... *at the same time*  [f]cruzando... *crossing the ski slope absentmindedly*  [g]trató... *he tried to avoid a collision*  [h]*To turn*  [i]*sharply*  [j]se... *fell down*  [k]*stopped*  [l]cuánto... *I'm so sorry*  [m]*head*  [n]Hacerse... *To hurt oneself*  [o]La... *It was my fault.*  [p]*to bump into*  [q]*to shake off*  [r]*clouds*  [s]*to become*

**B. ¡Nunca cambian!** Mire los dibujos y describa las acciones de las personas. Use el presente del progresivo (ahora), el pretérito (ayer) y el imperfecto (de niño/a).

**Vocabulario útil**

bailar

hacer ejercicio

jugar

nadar

pasear en bicicleta

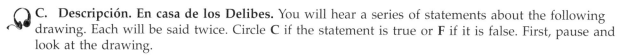

Amada     Joaquín     Rosalía     Rogelio     David

1. Amada:   Ahora, _____.

                 Ayer, _____.

                 De niña, _____.

2. Joaquín:   Ahora, _____.

                 Ayer, _____.

                 De niño, _____.

3. Rosalía:   Ahora, _____.

                 Ayer, _____.

                 De niña, _____.

4. Rogelio:   Ahora, _____.

                 Ayer, _____.

                 De niño, _____.

5. David:   Ahora, _____.

                 Ayer, _____.

                 De niño, _____.

**C. Descripción. En casa de los Delibes.** You will hear a series of statements about the following drawing. Each will be said twice. Circle **C** if the statement is true or **F** if it is false. First, pause and look at the drawing.

1. C  F
2. C  F
3. C  F
4. C  F
5. C  F
6. C  F

# Paso 4 Un paso más

## Videoteca*

**Entrevista cultural: Colombia**

You will hear an interview with Mauricio. After listening, pause and choose the letter of the phrase that best completes each statement.

1. Mauricio es de...

   a. Caracas.         b. Bogotá.         c. Costa Rica.

2. Mauricio juega...

   a. tenis.           b. basquetbol.     c. fútbol.

3. Él también practica...

   a. natación.        b. béisbol.        c. polo.

4. Además (*Besides*) de ser futbolista, Mauricio es...

   a. estudiante.      b. maestro.        c. profesor.

5. El objeto que trae Mauricio es...

   a. una cultura.     b. un colombiano.  c. una balsa dorada.

Now resume listening.

**Entre amigos: ¿Sabes bailar salsa?**

**Paso 1.** The four friends answer a question about what they like to do in their free time. Listen carefully and jot down notes about their responses. The names are listed in the order in which they answer.

1. Rubén        _____

2. Karina       _____

3. Miguel René  _____

4. Tané         _____

Now resume listening.

**Paso 2.** Now listen as they answer a question about the sports that are played in their countries. Write down the sport they mention and whether or not they play it now or played it before. Check your answers for both **Pasos** in the Appendix.

1. Tané         _____

2. Rubén        _____

3. Karina       _____

4. Miguel René  _____

_____

*The **Videoteca** videoclips are available on the Video on CD to accompany *¿Qué tal?*; Seventh Edition.

# Enfoque cultural: Colombia

**A. Colombia.** Complete las oraciones con la información apropiada.

1. La República de Colombia obtuvo su independencia de _____ en

   _____ (año). Su primer presidente fue _____.

2. Colombia produce mucho _____, platino y esmeraldas, y exporta mucho

   petróleo y _____.

3. Un 14 por ciento de la población colombiana es de origen _____.

4. Se cree que las misteriosas estatuas de _____ son del siglo

   _____ antes de Cristo.

**B. Juanes.** Complete el siguiente párrafo.

Juanes nació en _____.[1] Fundó el grupo Ekhymosis cuando tenía

_____.[2] Su canción _____[3] ganó un premio por la canción

más romántica del siglo. En 2002 ganó _____.[4] En 2003 dedicó su concierto en

Bogotá a _____.[5]

# ¡Repasemos!

**A. Un día típico.** Use the following verbs or phrases in the order given to write a composition (on page 185) in the imperfect tense, describing a typical day when you were a high school student. Use phrases such as **casi siempre, nunca, muchas veces, generalmente.**

1. despertarse
2. bañarse/ducharse
3. cepillarse los dientes
4. vestirse
5. desayunar
6. despedirse
7. ir a la escuela
8. asistir a clases
9. almorzar
10. conversar y reírse con los amigos
11. volver a casa
12. estudiar
13. sentarse a cenar a las seis
14. si no tener que estudiar
15. mirar la televisión
16. leer
17. decirle «buenas noches» a _____
18. quitarse la ropa
19. acostarse

_____

_____

_____

_____

_____

_____

_____

_____

_____

_____

_____

_____

_____

_____

_____

_____

**B.** *Listening Passage: ¿Cómo se pasan los fines de semana y los días de fiesta?*

**Antes de escuchar.** Pause and do the following prelistening exercise.

Before you listen to the passage, read the following statements about how some people spend weekends or holidays. Check those statements that are true for you and your family.

- ☐ Los fines de semana son ocasiones familiares.
- ☐ Pasamos los fines de semana o los días de fiesta en nuestra casa en el campo.
- ☐ Mi madre siempre prepara una comida especial los domingos.
- ☐ Paso el fin de semana con mis amigos y no con mi familia.
- ☐ Después de comer, toda la familia sale a dar un paseo por el parque.
- ☐ Paso el fin de semana con mis abuelos.

Now resume listening.

*Listening Passage.* Now you will hear a passage about how some Hispanics spend their weekends and holidays. The following words appear in the passage.

| | |
|---|---|
| adinerados | personas que tienen mucho dinero |
| a mediodía | *at noon* |
| se casan | *get married* |
| el hogar | *home* |
| el descanso | *rest* |
| se suele | *it is the custom (to)* |
| elegir | *to choose, pick* |
| los columpios | *swings* |
| los críos | *young children* |
| charlando | hablando, conversando |
| relajados | *relaxed* |

**Después de escuchar.** Read the following statements. Circle **C** if the statement is true or **F** if it is false. If the statement is false, according to the passage, correct it.

1. C   F   Muchos hispanos tienen otra casa fuera de la ciudad.

   _____

2. C   F   Normalmente los abuelos no pasan tiempo con sus hijos y nietos.

   _____

3. C   F   Los domingos se almuerza rápidamente para poder ir al cine o al teatro.

   _____

4. C   F   Por lo general, los padres no pasan tiempo con sus hijos durante el fin de semana.

   _____

Now resume listening.

**C. Entrevista.** You will hear a series of questions. Each will be said twice. Answer, based on your own experience. Pause and write the answers.

1. _____

2. _____

3. _____

4. _____

5. _____

6. _____

## ❖■ Mi diario

¿Qué quehaceres domésticos le tocaba hacer a Ud. cuando estaba en la escuela secundaria? ¿Con qué frecuencia debía hacerlos? Escriba algo en su diario sobre estos quehaceres.

MODELO: Yo debía hacer mi cama todos los días, ¡y lo hacía! También me tocaba...

# Póngase a prueba

 ## A ver si sabe...

### A. Imperfect of Regular and Irregular Verbs

**1.** Complete la siguiente tabla.

| INFINITIVO | CANTAR | IR | LEER | SER | VER |
|---|---|---|---|---|---|
| yo | cantaba | | | | |
| nosotros | | | | | |

**2.** Match the following uses of the imperfect with the examples.

**1.** _____ To express *time* in the past.

**2.** _____ To describe a repeated or habitual action in the past.

**3.** _____ To describe an action in progress.

**4.** _____ To express *age* in the past.

**5.** _____ To describe ongoing physical, mental, or emotional states in the past.

**6.** _____ To form the past progressive.

**a.** ¿Estabas estudiando?
**b.** Tenía ocho años.
**c.** Cenaba con mis padres cuando llamaste.
**d.** Eran las doce.
**e.** Siempre comíamos a las seis.
**f.** No me gustaba practicar.

### B. Superlatives. Complete las oraciones.

**1.** (*happiest*)  Soy _____ persona _____ feliz _____ mundo.

**2.** (*best*)  Son los _____ jugadores _____ equipo.

**3.** (*worst*)  Es el _____ estudiante _____ _____ clase.

### C. Summary of Interrogative Words. ¿Qué o cuál(es)? Complete la pregunta con la palabra interrogativa apropiada.

**1.** ¿_____ significa (*means*) ciclismo?

**2.** ¿_____ es tu teléfono?

**3.** ¿_____ son tus libros?

**4.** ¿_____ restaurante me recomiendas?

**5.** ¿_____ es el mejor restaurante de la ciudad?

# Prueba corta

**A. Mafalda.** Complete el párrafo con el imperfecto de los verbos entre paréntesis.

Cuando Mafalda _____¹ (**ser**) una niña más pequeña, ella no _____²

(**asistir**) a la escuela. Siempre _____³ (**estar**) en casa con su madre, y a veces la

_____⁴ (**ayudar**) con los quehaceres. Muchas veces, durante el día, otras niñas que

_____⁵ (**vivir**) cerca _____⁶ (**ir**) a visitarla y todas _____⁷

(**jugar**) en el patio de su casa. Su mamá les _____⁸ (**servir**) galletas y leche y cuando

todas sus amiguitas _____⁹ (**cansarse**ª) de jugar, ellas _____¹⁰ (**volver**)

a casa.

ªto become tired

**B. Preguntas.** Complete las preguntas con la palabra interrogativa apropiada.

1. ¿_____ van Uds. ahora? ¿A casa o al centro?

2. ¿_____ es la chica de pelo rubio?

3. ¿_____ se llama la profesora de francés?

4. ¿_____ están los otros estudiantes? No los veo.

5. ¿_____ es tu clase favorita este semestre?

6. ¿_____ pagaste por tu nuevo coche?

**C. Recuerdos.** You will hear a passage about a person's childhood memories. Then you will hear a series of questions. Circle the letter of the best answer for each.

1. **a.** Trabajaba en Panamá.        **b.** Vivía en Panamá.
2. **a.** Hacía calor.                       **b.** No hacía calor.
3. **a.** Jugaba béisbol.                  **b.** Patinaba con sus amigos.
4. **a.** Iba al cine.                        **b.** Iba al centro.
5. **a.** Patinaba con sus padres.     **b.** Patinaba con sus amigos.
6. **a.** Daba paseos en el parque.   **b.** Daba paseos en el cine.
7. **a.** Su quehacer favorito era lavar los platos.   **b.** No le gustaba lavar los platos.

**D. Cosas de todos los días: una niñez feliz.** Practice talking about your imaginary childhood, using the written cues. When you hear the corresponding number, form sentences using the words provided in the order given, making any necessary changes or additions.

MODELO: (*you see*) **1.** (yo) / ser / niño muy feliz   (*you hear*) uno →
(*you say*) Era un niño muy feliz.

2. cuando / (yo) / ser/ niño, / vivir / Colombia
3. mi familia / tener / una casa / bonito / Medellín
4. mi hermana y yo / asistir / escuelas públicas
5. todos los sábados, / mi mamá / ir de compras
6. me / gustar / jugar / con mis amigos
7. los domingos / (nosotros) / reunirse / con / nuestro / abuelos

ANSWER KEY

# Appendix 2: Answers

## Appendix 1: CAPÍTULO 9

### Paso 1: Vocabulario

**Pasatiempos, diversiones y aficiones   B.**   1. a. hacer *camping*   b. juegan a las cartas   c. dan un paseo   d. toma el sol   2. a. juegan al ajedrez   b. Teatro   c. Museo   **Los quehaceres domésticos A.**   1. Se usa la estufa para cocinar.   2. Se prepara el café en la cafetera.   3. Lavamos y secamos la ropa.   4. Usamos el lavaplatos.   5. Pasamos la aspiradora.   6. Tostamos el pan en la tostadora. 7. Usamos el microondas.   8. La plancho.   **Pronunciación y ortografía   C.**   1. Paco toca el piano para sus parientes.   2. Los tíos de Tito son de Puerto Rico.   3. ¿Por qué pagas tanto por la ropa?   4. Tito trabaja para el padre de Pepe.   **Los hispanos hablan   Paso 1.**   *Here is the text of Xiomara and Gabriela's answers. Compare it with the notes you took.* XIOMARA: Mi pasatiempo favorito es salir con mis amigas a dar paseos por la ciudad o ir a la piscina a nadar un rato. También me gusta muchísimo hacer aeróbicos en mi casa. Mi mejor amiga es Teresa y con ella es con quien salgo. Nos gusta ver los aparadores de las tiendas, ir de compras, hablar con nuestros novios, ir a buscar amigos o amigas, conversar en mi casa, tomar refrescos en las sodas, sentarnos en los bancos de los parques y ver películas. GABRIELA: Bueno, no tengo sólo un pasatiempo favorito. En realidad son muchas las cosas que me gusta hacer en mi tiempo libre. Me gusta leer y escuchar música, me gusta ir a mi club y reunirme con mis amigos. Allí practicamos deportes —tenis, natación, *squash.* Algo que hacemos muy a menudo, generalmente los fines de semana, es organizar *picnics,* y más tarde, en la noche, nos reunimos en fiestas o vamos al cine o a algún café.   **Paso 2.**   (*Answers may vary.*)   1. Las actividades que tienen en común las dos jóvenes son el salir o reunirse con sus amigos, nadar y ver películas. 2. Algunos de los pasatiempos que no tienen en común son el ir de compras, el leer, el escuchar música, el hacer aeróbicos, el conversar en casa, el ir al club, el jugar al tenis/*squash* y el organizar *picnics.*

### Paso 2: Gramática

**Gramática 26   A.**   1. celebraba   2. se llenaba   3. debíamos   4. Corríamos   5. comíamos   6. cortábamos 7. era   8. me molestaba   9. era   10. era   **B.**   1. tenía   2. vivíamos   3. Iba   4. volvía   5. prefería 6. venían   7. era   8. celebrábamos   9. hacía   10. cocinaba   11. visitaban   12. se quedaban 13. dormíamos   14. nos acostábamos   15. había   16. pasábamos   17. eran   **C.**   1. Antes dependía de su esposo. Ahora tiene más independencia económica.   2. Antes se quedaba en casa. Ahora prefiere salir a trabajar.   3. Antes sólo pensaba en casarse. Ahora piensa en seguir su propia carrera.   5. Antes su esposo se sentaba a leer el periódico. Ahora (su esposo) la ayuda con los quehaceres domésticos. **E.   Paso 1.**   1. había   2. tenían   3. ofrecían   4. tenían   5. era   6. había   7. celebraban   8. eran 9. jugaban   10. podían   **Paso 2.**   1. sacrificios, dioses   2. ceremonia   3. pirámides, religiosa **Gramática 27   A.**   (*Possible answers*)   1. El béisbol es el más emocionante de todos los deportes. 2. Shaquille O'Neal es el mejor jugador del equipo.   3. El equipo de los Dallas Cowboys es el peor equipo de todos.   4. El estadio de Río de Janeiro es el más grande del mundo.   **B.   Paso 1.**   1. el carnaval   2. mayo   3. *Como agua para chocolate*   4. pasar la aspiradora

### Paso 3: Gramática

**Gramática 28   A.**   1. ¿Cómo se llama Ud.?   2. ¿De dónde es Ud.?   3. ¿Dónde vive Ud.?   4. ¿Adónde va Ud. ahora?   5. ¿Qué va a hacer?   6. ¿Cuáles son sus pasatiempos favoritos?   7. ¿Cuándo empezó a jugar?   8. ¿Quiénes son sus jugadores preferidos?   9. ¿Por qué (son sus preferidos)?   10. ¿Cuánto gana Ud. al año?   **C.**   1. cómo   2. Qué   3. Quién   4. De dónde   5. cuántos   6. Cómo   7. Cuándo 8. Por qué   9. cómo   10. Qué   **Un poco de todo   A.**   1. pasaba   2. esquiando   3. conoció   4. visitaba 5. vivían   6. esquiaba   7. estaba   8. vio   9. Dobló   10. perdió   11. se puso   12. Te hiciste   13. esperando 14. sacudiéndose   15. sonriendo   16. se hicieron   **B.**   1. Ahora Amada está jugando al basquetbol.

Ayer jugó... De niña jugaba... 2. Ahora Joaquín está nadando. Ayer nadó... De niño nadaba... 3. Ahora Rosalía está bailando. Ayer bailó. De niña bailaba. 4. Ahora Rogelio está paseando en bicicleta. Ayer paseó... De niño paseaba... 5. Ahora David está haciendo ejercicio. Ayer hizo... De niño hacía...

## Paso 4: Un paso más

**Videoteca Entre amigos Paso 1.** 1. leer, ir al cine, dormir 2. leer, bailar, ir de compras 3. salir con amigos, tomar café, leer, ir al cine o a un bar 4. descansar, dormir tarde, ver fotos **Paso 2.** 1. el béisbol; ahora no, antes sí 2. el fútbol, sí 3. el béisbol, no 4. el fútbol, no **Enfoque cultural A.** 1. España / 1819 / Simón Bolívar 2. oro / café 3. africano 4. San Agustín / VI **B.** 1. Medellín 2. 14 años 3. «A Dios le pido» 4. tres Grammys 5. las víctimas de la violencia y las personas que las protegen **Póngase a prueba A ver si sabe... A.** 1. *yo:* iba / leía / era / veía *nosotros:* cantábamos / íbamos / leíamos / éramos / veíamos 2. 1. d 2. e 3. c (a) 4. b 5. f 6. a **B.** 1. Soy la persona más feliz del mundo. 2. Son los mejores jugadores del equipo. 3. Es el peor estudiante de la clase. **C.** 1. Qué 2. Cuál 3. Cuáles 4. Qué 5. Cuál **Prueba corta A.** 1. era 2. asistía 3. estaba 4. ayudaba 5. vivían 6. iban 7. jugaban 8. servía 9. se cansaban 10. volvían **B.** 1. Adónde 2. Quién 3. Cómo 4. Dónde 5. Cuál 6. Cuánto

# CAPÍTULO 10

## Paso 1: Vocabulario

**La salud y el bienestar A.** 1. la boca / el cerebro 2. los ojos / los oídos 3. los pulmones / la nariz 4. el corazón 5. la garganta 6. el estómago 7. los dientes **B.** 1. a. Hace ejercicio. b. Lleva una vida sana. c. Sí, (No, no) hago tanto ejercicio como ella. 2. a. No, no se cuida mucho. b. Debe dejar de tomar y fumar y comer carne. c. Es mejor que coma verduras. d. Debe caminar más. **En el consultorio A.** (*Answers will vary.*) 1. Tengo fiebre. 2. Tenemos que abrir la boca y sacar la lengua. 3. Debemos comer equilibradamente, cuidarnos, dormir lo suficiente y hacer ejercicio. 4. Cuando tenemos un resfriado, estamos congestionados, tenemos fiebre y tenemos tos (tosemos). 5. (El doctor) Receta un jarabe. 6. Es necesario llevar lentes. 7. Nos da antibióticos. 8. Prefiero tomar pastillas (jarabe). **C. Paso 1** (*Possible answers*) 1. Darío tiene dolor de estómago. (A Darío le duele el estómago). Él está en un consultorio. 2. Toño tiene fiebre. (Toño tiene dolor de cabeza.) Está en casa. 3. Alma tiene dolor de muela. (A Alma le duele la muela [una muela]). Está en el consultorio (la oficina) de la dentista. 4. Gabriela está muy enferma. Tiene dolor de cabeza, está mareada y congestionada. Ella está en una oficina (su oficina). **Nota comunicativa** (*Possible answers*) 1. Lo bueno es poder nadar. (Lo malo es que siempre hay mucha gente / mucho tráfico.) 2. Lo mejor de dejar de fumar es no toser (tener mejor salud). 3. Lo peor de resfriarse es no poder respirar bien (toser mucho). 4. Lo malo es el dolor. **Los hispanos hablan Paso 1.** *Clara:* correr / puedes practicarlo con amigos, es emocionante; *Antonio:* el tenis / le apasiona; *Gabriela:* el *squash* / es entretenido y tiene mucha acción; *Patricia:* el tenis / es buenísimo para la salud; *Teresa:* caminar y nadar / son buenos para el cuerpo y no permiten que uno se engorde; *José:* el fútbol / es saludable, divertido, emocionante; *Xiomara:* la natación y los aeróbicos / es saludable, le gusta sentirse bien con su cuerpo y verse bonita; *Erick:* la natación / sirve de ejercicio físico y mental, ayuda a uno a mantenerse en forma **Paso 2.** 1. la natación 2. cinco

## Paso 2: Gramática

**Gramática 29 ¡RECUERDE! A.** 1. nos cuidábamos / nos cuidamos 2. comíamos / comimos 3. hacía / hice 4. eras / fuiste 5. decían / dijeron 6. sabía / supe 7. jugaba / jugué 8. iba / fue 9. ponía / puse 10. venías / viniste **B.** 1. I 2. I 3. I 4. P **A. Paso 1.** 1. imperfect 2. preterite 3. imperfect 4. found out, preterite 5. wanted to, imperfect 6. preterite / imperfect **Paso 2.** 1. tenía 2. vivía 3. asistía 4. trabajaba 5. se quedaba 6. viajaron 7. nos quedamos 8. iba 9. se rompió 10. supieron 11. querían 12. aseguró 13. estaba **B.** 1. supimos / tuvo 2. sentía / iba 3. pudo / fue 4. pude / tenía 5. estuve / estaba 6. iba **C.** 1. se despertó

2. dijo   3. se sentía   4. pudo   5. dolía   6. hizo   7. Estaba   8. temía   9. examinó   10. dijo   11. era   12. estaba   13. debía   14. dio   15. llegó   16. se sentía   **D.**

DRA. MÉNDEZ:   ¿Cuándo *empezó* a sentirse mal su hija?
LOLA:   Ayer por la tarde. *Estaba* congestionada, *tosía* mucho y *se quejaba* de que le *dolían* el cuerpo y la cabeza.
DRA. MÉNDEZ:   ¿Y le *notó* algo de fiebre?
LOLA:   Sí. Por la noche le *tomé* la temperatura y *tenía* treinta y ocho grados.
DRA. MÉNDEZ:   A ver... Tal vez necesito ponerle una inyección...
MARTA:   Eh... bueno... ¡Creo que ahora me encuentro un poco mejor!

## Paso 3: Gramática

**Gramática 30 B.**   1. Se miran.   2. Los novios se besan y se abrazan.   3. Ana y Pili se conocen bien, se escriben mucho y se hablan con frecuencia.   4. Nos damos la mano y nos saludamos.
**Un poco de todo   A.**   1. fue   2. tuve   3. estuve   4. me levanté   5. sentía   6. quería (quise)   7. se puso   8. dolía   9. dormí   10. empecé   11. llamaste   12. los   13. conocía   14. llamé   15. a   16. llamó   17. llevaron   18. lo   19. despertaba   20. lo   21. el   22. hablaba   23. el   **B.**   1. enfermaba   2. cuidaba   3. comía   4. hacía   5. dormía   6. llevaba   7. sentía   8. dolían   9. dolía   10. quería   11. decidí   12. Miré   13. vi   14. eran   15. Llamé   16. venía   17. dije   18. iba   19. Tomé   20. acosté   **C.**   1. Los niños se estaban pegando (estaban pegándose) cuando su madre los vio.   2. Graciela estaba durmiendo cuando sonó el teléfono.   3. Me estaba despidiendo (Estaba despidiéndome) de Raúl cuando entraste.

## Paso 4: Un paso más

**Videoteca   Entre amigos   Paso 1.**   1. comer sanamente, tomar mucha agua, descansar; sí   2. sonreír, ser feliz; sí   3. encontrar equilibrio (entre la salud emocional y la salud física), estar bien con uno mismo, sentirse bien; sí   4. (empezar por) la alimentación, hacer ejercicios, balancear los alimentos, no fumar, descansar (ocho horas), estar contento con la vida; [—]   **Paso 2.**   1. ocho / la gripe / tomar antibiótico   2. cuatro / la varicela / nada   3. diecinueve / el asma / vacunas, inhalar, medicamentos   4. dos / intoxicación por repelente de mosquitos / tomar antialérgico   **Enfoque cultural   A.**   1. 24 de julio   2. Rousseau   3. las colonias estadounidenses   4. el Libertador   **B.**   1. variado y agradable   2. Es la más alta del mundo.   3. en la isla Margarita y la costa caribeña   **Póngase a prueba   A ver si sabe...   A.**   1. I   2. P   3. I   4. I   5. I   **B.**   1. Mi novio/a y yo nos queremos.   2. Mi mejor amigo y yo nos conocemos bien.   3. Marta y sus padres se llaman todos los domingos.   **Prueba corta   A.**   1. era   2. tenía   3. pagaban   4. preguntó   5. quería   6. pude   7. me dieron   8. creían   9. era   10. tenía   11. conseguí   12. empecé   13. gastaba   14. abrí   15. decidí   **B.**   1. se despiden / se dan   2. se hablan   3. se respetan   4. se ven   5. se ayudan

# CAPÍTULO 11

## Paso 1: Vocabulario

**¡La profesora Martínez se levantó con el pie izquierdo!   C.**   1. torpe   2. me caí   3. me lastimé   4. duele   5. no se equivoca   6. rompí   7. aspirinas   8. se siente   9. Qué mala suerte   10. me acuerdo   **D.**   1. el cuerpo   2. la cabeza   3. el brazo   4. la mano   5. la pierna   6. el pie   7. los dedos   **Nota comunicativa   A.**   1. fácilmente   2. inmediatamente   3. impacientemente   4. lógicamente   5. totalmente   6. directamente   7. aproximadamente   8. furiosamente   **B.**   1. tranquilamente   2. finalmente   3. Posiblemente   4. aproximadamente   5. sinceramente   6. solamente   **Pronunciación y ortografía   D.**   1. El cumpleaños de Begoña es mañana.   2. La señorita (Srta.) Núñez estudia mucho.   3. Los señores (Sres.) Ibáñez son los dueños del Hotel España.   4. Esa muchacha es chilena.   5. Hay ocho mochilas en la clase.

## Paso 2: Gramática

**Gramática 31 A.**   1. b   2. d   3. a   4. c   5. e   **B.**   1. olvidaron   2. cayó   3. acabó   4. rompieron   **D.**   1. a. Se le quedó en casa.   b. No, se le quedó el libro en casa.   c. No, se le quedó el libro a Pablo.

2. a. Se me olvidaron los papeles.   b. Se me olvidaron en la biblioteca.   c. No, se me olvidaron los papeles.   3. a. Se le perdió el paraguas.   b. Se le perdió ayer.   c. Se le perdió en el cine.   d. Se le perdió a Carla.   **G.**   1. se les olvidó   2. se le perdieron   3. se nos quedó   4. se les rompieron

### Paso 3: Gramática

**Gramática 32   A.**   1. Por Dios (Por favor) / por   2. por primera   2. por eso / por ejemplo   4. por si acaso   5. Por lo general   6. por   7. por lo menos   8. por / Por fin   **B.**   1. Mi hermano y yo fuimos a Europa por primera vez en el verano de 1992.   2. Visitamos España por las Olimpíadas.   3. Viajamos de Los Ángeles a Barcelona por avión.   4. Fuimos (Pasamos) por Nueva York.   5. Pasamos por lo menos trece horas en el avión.   **C.**   1. Lo necesita para ir a recoger a María Rosa.   2. Viene para esquiar.   3. No, son para ella.   4. Sí, es muy lista para su edad.   5. Estudia para (ser) sicóloga.   6. Sí, trabaja para la compañía de teléfonos.   **D.**   1. por   2. por   3. por   4. para   5. para   6. por   7. para   8. para   9. por   10. para   11. para   12. para   13. por   **Un poco de todo   B.**   1. a   2. está   3. le   4. perdió   5. dimos   6. su   7. supo   8. se escapó   9. se despertó   10. se vistió   11. salió   12. encontró   13. hizo   14. pudo   15. se olvidó   16. por   17. se sintió   18. durmió   19. para   **C.**   1. Ayer mientras pelaba las patatas, me corté y me lastimé el dedo.   2. Cuando sacaba mi coche del garaje, choqué con el coche de papá.   3. Cuando el mesero traía el vino, se le cayeron los vasos.   4. Mientras Julia esquiaba, se cayó y se rompió el brazo.

### Paso 4: Un paso más

**Enfoque cultural**   1. desde 1952   2. No pueden votar por el presidente.   3. Es un parque nacional y es el único bosque tropical del sistema de Bosques Nacionales de los Estados Unidos.   4. Es la primera novela del Nuevo Mundo.   **Póngase a prueba   A ver si sabe...   A.**   1. Se me perdió   2. Se nos perdió   3. Se le rompieron   4. Se les olvidó poner   **B.   Usos de para:**   a. 3   b. 4   c. 1   d. 2   Usos de **por:**   a. 3   b. 1   c. 2   d. 4   **Prueba corta   A.**   1. b   2. b   3. a   4. a   5. a   **B.**   1. por   2. para   3. para   4. por   5. para   6. para

## CAPÍTULO 12

### Paso 1: Vocabulario

**Tengo... Necesito... Quiero...   B.**   (*Possible answers*)   1. Le gusta (interesa) a ella.   2. Le gusta a él.   3. Les gusta a los dos.   4. Les gusta (interesa) a los dos.   5. Le gusta a ella.   6. Le gusta a él.   7. Le gusta a él.   8. Le gusta a él.   **C.**   1. a. a todas partes   b. la computadora   c. vídeos musicales   2. b   3. a   **D.**   1. falló / guardar   2. lector / videocasetera   3. impresora   4. correo electrónico   5. cámara / imprimir   **E.**   1. jefa / aumento / cambiar de trabajo / obtener   2. sueldo / parcial   3. falló   4. manejar   **La vivienda   A.**   1. alquilar   2. dirección   3. vecindad   4. alquiler   5. piso   6. vista   7. centro   8. afueras   9. luz   10. dueños   11. portero   12. planta baja   13. vecinos   **Pronunciación y ortografía   E.**   1. El señor (Sr.) Muñoz es de España y habla español.   2. Yolanda Carrillo es de Castilla.   3. ¿Llueve o no llueve allá en Yucatán?   **Los hispanos hablan   Paso 1.**   *You should have checked the following items for each person:*   DIANA: ropa, cosméticos, discos compactos, aretes, un radio portátil, una grabadora, un ordenador, una bicicleta; JOSÉ: ropa, un estéreo, una guitarra, un auto, un gran trabajo, una batería; KAREN: ropa, un estéreo, un auto, un boleto de avión   **Paso 2.**   1. Diana quiere más cosas.   2. Karen quiere viajar.   3. La ropa, el auto y el estéreo.

### Paso 2: Gramática

**Gramática 33   ¡RECUERDE!   A.**   2. Escríbanlo / lo escriban   3. Juéguelo / lo juegue   4. Dígamelo / me lo diga   5. Dénselo / se lo den   **B.**   1. No se equivoque.   2. No se hagan daño.   3. No se ría tanto.   4. Consiga otro puesto (trabajo).   **B.**   1. Pon / pongas   2. uses / usa   3. Apaga   4. Préstame   5. le mandes / mándale   6. Dile / le digas   **C.**   (*Possible answers*)   1. no juegues en la sala   2. deja de hablar por teléfono   3. llega a tiempo   4. vístete bien (mejor)   5. lávate las manos antes de comer   6. no seas pesado   7. no pongas los pies sobre mi cama   8. no toques el piano todo el tiempo   **D.**   1. ponla / no la pongas   2. sírvesela / no se la sirvas   3. tráemela / no me la traigas   4. lávamelos /

no me los laves **Gramática 34 A.** 1. lleguemos 2. empiece 3. conozcamos 4. juegue 5. consigamos 6. divirtamos 7. duerma **B.** 1. a, c 2. b, c 3. a, b 4. a, c **C.** 1. pueda / olvide / sepa 2. empiecen / manden / digan 3. llegues / seas / busques **E. Paso 1.** *You should have checked the following actions for each person:* SU HERMANA: no usar su coche, prestarle su cámara; SU HERMANO MENOR: bajar el volumen del estéreo; SUS HERMANITOS: no jugar «Nintendo»

## Paso 3: Gramática

**Gramática 35 A.** 1. digan la verdad / lleguen a tiempo / acepten responsabilidades / sepan usar... / no usen... 2. resulte interesante / me guste / no esté lejos de casa / me dé oportunidades para avanzar **B.** 1. veamos 2. compremos 3. paguemos 4. volvamos 5. llamemos **C.** 1. ¿Qué quieres que compre? 2. ¿Qué quieres que traiga? 3. ¿Qué quieres que prepare? 4. ¿Qué quieres que busque? 5. ¿Qué quieres que cocine? **D.** 1. trabajemos / trabajar 2. almorcemos / almorzar 3. traer / traigamos 4. pidamos / pedir 5. obtengo / obtenga **E. Paso 2.** 1. solucione sus problemas 2. se equivoque 3. sea más flexible 4. trabaje los fines de semana 5. tenga teléfono celular **Un poco de todo B.** *Oye, mira. Abre* los ojos y *ve* todos los detalles del paisaje. *Viaja a tu* destino sin preocupar*te* por el tráfico. *Haz tu* viaje sentado cómodamente y *llega* descansado. *Goza* de la comida exquisita en el elegante coche-comedor. *Juega* a las cartas o *conversa* con otros viajeros como tú. Y *recuerda:* ¡Esto pasa solamente viajando en tren! **C.** 1. Chicos, vengan aquí. Necesito enseñarles a manejar la nueva lavadora. 2. María, ayuda a tu hermano a barrer el patio. 3. Pepe, recomiendo que hagas tu tarea antes de salir a jugar. 4. María, no te olvides de llamar a Gabriela para darle nuestra nueva dirección. 5. Pepe, ve a tu cuarto y ponte unos pantalones limpios.

## Paso 4: Un paso más

**Videoteca Entre amigos Paso 1.** 1. sí, Para siempre estar en contacto con mis amigos y familares por alguna emergencia. 2. sí, No lo uso. Lo usan mis jefes para tenerme localizado. 3. no, [—] 4. sí, Para poder comunicarme con mi familia. **Paso 2.** 1. sí, una filmadora, una cámara digital, un celular, muchas cositas 2. sí, una *Palm*, un celular y un DVD en casa 3. sí, un DVD y un vídeo 4. sí (me sorprenden), un DVD, una computadora y una vídeo cámara **Enfoque cultural** 1. Es el lago más grande de Sudamérica y es la ruta de transporte principal entre Bolivia y el Perú. 2. la papa 3. Se extendía desde Colombia hasta Chile (y desde el Pacífico hasta las selvas del este). 4. Tenían un gobierno de poder absoluto, burocrático y muy complejo. 5. la arquitectura, la ingeniería y las técnicas de cultivo **Póngase a prueba A ver si sabe... A.** *decir:* di *escribir:* no escribas *hacer:* haz / no hagas *ir:* ve / no vayas *salir:* sal / no salgas *ser:* sé / no seas *tener:* no tengas *trabajar:* trabaja **B.** 1. a. busque b. dé c. escriba d. esté e. estudie f. vaya g. oiga h. pueda i. sepa j. sea k. traiga 1. viva 2. *comenzar:* comience / comencemos *dormir:* durmamos *perder:* pierda *sentirse:* sienta / sintamos **C.** 1. prefiere / vengan 2. Es / comience 3. prohíbe / entremos 4. insisten / se queden 5. Es / traigas **Prueba corta A.** 1. Ven 2. apagues 3. Llama / dile 4. pongas / ponlo 5. te preocupes / descansa **B.** 1. busques 2. comprar 3. vayamos 4. hablar / hablemos 5. sepas / pierdas

## CAPÍTULO 13

## Paso 1: Vocabulario

**Las artes B.** 1. Gabriel García Márquez escribió *Cien años de soledad.* 2. Diego Rivera pintó murales. 3. Plácido Domingo cantó óperas italianas. 4. Robert Rodríguez dirigió *Desperado.* 5. Andrés Segovia tocó la guitarra clásica. 6. Judy Garland hizo el papel de Dorothy. 7. Augusto Rodin esculpió *El pensador.* **Ranking Things: Ordinals A.** 1. primera 2. cuarto 3. segundo 4. Primero / Quinto 5. Tercero / Cuarto 6. Octavo / segunda / quinta 7. Décimo 8. primer 9. noveno **B.** (*Possible answers*) 1. segundo 2. primera / nueve 3. séptimo / quinto 4. cuarto **D. Paso 2.** (*Possible answers*) 1. Junio es el sexto mes del año. (El sexto mes del año es junio.) 2. Agosto es el octavo mes del año. (El octavo mes del año es agosto.) 3. El primer día de la semana en el calendario hispánico es el lunes. (El lunes es el primer día de la semana en el calendario hispánico.)

## Paso 2: Gramática

**Gramática 36** **A.** 1. Me alegro mucho que el Papa me mande más dinero. 2. A los artesanos no les gusta que yo siempre esté aquí. 3. Temo mucho que no podamos terminar... 4. Es mejor que nadie nos visite durante... 5. Espero que esta sea mi... **B.** (*Possible answers*) 1. Siento que mis amigos no puedan salir conmigo esta noche. 2. Es una lástima que los boletos para el «show» se hayan agotado. 3. Me sorprende que no vayas nunca al teatro. 4. Espero que sepas dónde está el cine. 5. ¡Es increíble que las entradas sean tan caras! **C.** 1. Es una lástima que Juanes no cante esta noche. 2. Es absurdo que las entradas cuesten tanto dinero. 3. Es increíble que no conozcas las novelas de Gabriel García Márquez. 4. Sentimos no poder ayudarlos a Uds. 5. Me molesta que haya tantas personas que hablan durante una función. 6. Me sorprende que ese programa sea tan popular. **D.** 1. Ojalá que vea a mis amigos en Guadalajara. 2. Ojalá que vaymos juntos a Mérida. 3. Ojalá que lleguemos a Chichén Itzá para la celebración del solsticio de verano. 4. Ojalá que encuentre un objeto bonito de artesanía para mis padres. 5. Ojalá que tenga suficiente tiempo para ver el Museo de Antropología en el D.F.

## Paso 3: Gramática

**Gramática 37** **A.** 1. Dudo que a mis amigos les encante el jazz. 2. Creo que el museo está abierto los domingos. 3. No estoy seguro/a de que todos los niños tengan talento artístico. 4. No es cierto que mi profesora vaya a los museos todas las semanas. 5. No creo que mi profesor siempre exprese su opinión personal. **B.** (*Possible answers*) 1. Creo que a mi profesor le gusta este autor. 2. Es verdad que este libro tiene magníficas fotos... 3. Es probable que las novelas de Gabriel García Márquez se vendan aquí. 4. Dudo que esta sea la primera edición de esta novela. 5. No creo que acepten tarjetas de crédito en esta librería. 6. Estoy seguro/a de que hay mejores precios en otra librería. **C.** 1. Creo que hoy vamos a visitar el Museo del Prado. 2. Es probable que lleguemos temprano. 3. Estoy seguro/a de que hay precios especiales para estudiantes. 4. Es probable que tengamos que dejar nuestras mochilas en la entrada del museo. 5. Dudo que podamos ver todas las obras de Velázquez. 6. Creo que los guardias van a prohibir que saquemos fotos. 7. ¿Es posible que volvamos a visitar el museo mañana? **Un poco de todo** **A.** 1. desee estudiar para ser doctora 2. vuelvan tarde de las fiestas 3. juegue en la calle con sus amigos 4. vaya de viaje con su novia y otros amigos 5. busque un apartamento con otra amiga 6. quiera ser músico 7. los amigos sean una influencia positiva **B.** 1. en tomar 2. que estudiar 3. a pensar 4. de tocar / que ganarte 5. a estar

## Paso 4: Un paso más

**Videoteca** **Entrevista cultural** 1. *Juan:* Bolivia; *Álvaro:* Guayaquil, en la costa del Ecuador 2. (*Answers may vary.*) *Juan:* Es pintor (quiere ser pintor). *Álvaro:* Estudia en la universidad (es estudiante, estudia historia del arte) 3. *Juan:* un cojín (con una llama); *Álvaro:* un sombrero (hecho por los indígenas) **Enfoque cultural** 1. del imperio inca 2. el 55 por ciento 3. de Simón Bolívar 4. la Paz, Bolivia 5. El Ecuador 6. Charles Darwin 7. Oswaldo Guayasamín **Póngase a prueba** **A ver si sabe...** **A.** 1. llegues 2. estén 3. veamos 4. puedan 5. salgamos 6. se aburren **B.** 1. sea 2. es 3. sepas 4. guste 5. dicen **Prueba corta** **A.** 1. Me alegro que Uds. vayan con nosotros al concierto. 2. Es una lástima que Juan no pueda acompañarnos. 3. Es probable que Julia no llegue a tiempo. Acaba de llamar para decir que tiene que trabajar. 4. Ojalá que consigas butacas cerca de la orquesta. 5. Es cierto que Ceci y Joaquín no van a sentarse con nosotros. 6. Me sorprende que los otros músicos no estén aquí todavía. 7. Es extraño que nadie sepa quién es el nuevo director. **B.** 1. tercer 2. primera 3. segunda 4. séptimo 5. quinto **C.** *el nombre del museo:* el Museo del Pueblo; *el tipo de arte que se va a exhibir:* tejidos y objetos de cerámica auténticos; *la fecha en que se va a abrir el museo:* el lunes, 31 de julio; *el nombre del director del museo:* Arturo Rosa; *la hora de la recepción:* las 6 de la tarde; *¿Es necesario hacer reservaciones?:* no; *¿Va a ser posible hablar con algunos de los artistas?:* sí

# CAPÍTULO 14

**Paso 1: Vocabulario**

**La naturaleza y el medio ambiente  B.**  1. puro / bella  2. fábricas / medio ambiente  3. ritmo 4. escasez / población  5. transportes  6. destruyen  7. proteja / desarrollar  **C.**  1. Más de la tercera parte del papel fue reciclado.  2. Reciclar es la única forma.  **Los coches  B.**  (*Possible answers*) 2. Revise la batería.  3. Cambie el aceite.  4. Revise los frenos.  5. Arregle (Cambie) la llanta. 6. Llene el tanque.  7. Limpie el parabrisas.  **C.**  1. manejar (conducir) / funcionan / parar  2. doblar / seguir (sigues)  3. gasta  4. estacionar  5. licencia  6. arrancar  7. conduces (manejas) / carretera / chocar  8. circulación / semáforos  9. autopistas  **Pronunciación y ortografía  B.  Dictado**  1. *fosfato* 2. a*t*ención  3. a*m*oníaco  4. *t*eología  5. o*p*osición  6. fotogra*f*ía  7. co*lecc*ión  8. ar*qu*itecta

**Paso 2: Gramática**

**Gramática 38  A.**  1. C  2. F  3. C  4. C  5. F  **B.**  1. salido  2. corrido  3. abierto  4. roto 5. dicho  6. muerto  7. visto  8. vuelto  9. preparado  10. puesto  **C.**  1. Las invitaciones están escritas.  2. La comida está preparada.  3. Los muebles están sacudidos.  4. La mesa está puesta. 5. La limpieza está hecha.  6. ¡Yo estoy muerto/a de cansancio!  7. La puerta está abierta.

**Paso 3: Gramática**

**Gramática 39  A.**  1. ha escrito  2. ha dado  3. ha ganado  4. ha dicho  5. ha dirigido  6. se ha hecho  **B.**  1. ¿Has tenido un accidente últimamente?  2. ¿Te has acostado tarde últimamente? 3. ¿Has hecho un viaje a México últimamente?  4. ¿Has visto una buena película últimamente? 5. ¿Has vuelto a ver al médico últimamente?  6. ¿Has roto un espejo últimamente?  **C.**  1. TINA: Raúl quiere que vayas al centro. UD.: Ya he ido.  2. TINA: Raúl quiere que hagas las compras. UD.: Ya las he hecho.  3. TINA: Raúl quiere que abras las ventanas. UD.: Ya las he abierto.  4. TINA: Raúl quiere que le des la dirección de Bernardo. UD.: Ya se la he dado.  5. TINA: Raúl quiere que escribas el informe. UD.: Ya lo he escrito.  **D.**  1. Me alegro de que la hayan terminado de arreglar.  2. Es increíble que lo hayan construido.  3. Es bueno que los hayan plantado.  4. Es una lástima que se haya ido. 5. ¡Qué bueno que lo haya conseguido!  **Nota comunicativa**  (*Possible answers*)  1. Antes de 2004 (nunca) había tenido una computadora. 2. ...(nunca) había aprendido a esquiar. 3. ...(nunca) había escrito nada en español. 4. ...(nunca) había hecho un viaje a España. 5. ...(nunca) había estado en un terremoto. **Un poco de todo  A.**  1. preocupados  2. diversos  3. puertorriqueña  4. esta  5. hecha  6. dicho 7. pintado  8. incluido  9. construidos  10. inspirado  11. tratado  12. verdes  13. cubiertas  **B.**  (*Possible answers*)  1. a. Ella le ha escrito a su novio.  b. Es posible que no lo haya visto en mucho tiempo. 2. a. Él ha vuelto de un viaje.  b. Piensa que ha perdido su llave.  3. a. Se le han acabado los cigarrillos.  b. Es una lástima que haya fumado tanto.  4. a. Ha comido en un restaurante elegante. b. Es posible que no haya traído bastante dinero.  5. a. Ha llamado a la policía.  b. Es terrible que le hayan robado la cartera.  6. a. Se ha roto la pierna.  b. Es posible que se haya caído por la escalera.

**Paso 4: Un paso más**

**Enfoque cultural**  1. durante los siglos XIX y XX  2. Estaban acostumbrados a la vida urbana.  3. el 30 por ciento  4. Es el centro cultural, comercial, industrial y financiero.  5. a los habitantes de Buenos Aires  **Póngase a prueba  A ver si sabe...  A.**  1. a. dicho  b. ido  c. leído  d. puesto  e. roto f. visto  2. a. cerradas  b. abierto  c. hecha  d. resueltos  **B.**  *cantar:* que haya cantado *conducir:* has conducido *decir:* hemos dicho / que hayamos dicho *tener:* han tenido / que hayan tenido  **C.**  1. había roto  2. Habían contaminado  3. había hecho  4. Habíamos descubierto  **Prueba corta  A.**  1. las fábricas destruidas  2. las luces rotas  3. la energía conservada  4. las montañas cubiertas de nieve 5. las flores muertas  **B.**  1. b  2. b  3. a  4. c  5. c

CAPÍTULO 15

## Paso 1: Vocabulario

**Las relaciones sentimentales   B.**   1. cita   2. boda   3. novia   4. noviazgos / matrimonio / esposos
5. cariñosa   6. soltera   7. lleva / divorciarse   8. amistad   9. luna de miel   10. viudo   **C.**   1. Rompió
con ella hace poco.   2. Ya habían invitado a muchas personas y habían hecho contratos con el
Country Club y la florista.   3. Le pide que le devuelva el anillo.   4. Debe guardarlo.   5. a. ella (la
novia)   b. sus padres / gastos   **Etapas de la vida   A.**   1. juventud   2. adolescencia   3. nacimiento /
muerte   4. infancia   5. madurez   6. vejez   7. niñez   **B.   Paso 2.**   a. 2   b. 3   c. 4   d. 1   **Los hispanos
hablan   Paso 2.**   *Here is a transcript of Eduardo's answer. Compare it to the summary that you wrote.*

Creo que una de las cosas más difíciles de aceptar al principio fue la falta de vida social.
Generalmente, los latinoamericanos y los españoles dicen que extrañan el contacto social que hay
en nuestros países. Aquí la gente se dedica mucho a su trabajo y usa el tiempo libre para estudiar
o dedicarse a algún pasatiempo. Esto, naturalmente, casi no les deja tiempo libre para los amigos.
Generalmente, la vida social en los países hispanos es más espontánea. Por ejemplo, es muy
común que los amigos visiten sin avisar, lo cual aquí es mal visto por mucha gente.

Una diferencia grande que veo es la falta de contacto entre las generaciones. Generalmente,
creo que hay mucha más interacción entre las diferentes generaciones en el mundo hispano. Por
ejemplo, los niños participan en las actividades de la gente grande y van a todos lados, así también
como los viejos.

También la necesidad de la vida privada de los estadounidenses es un concepto un poco
incomprensible para nosotros. Cuando alguien de la familia de mi esposa viene a visitarnos
de Europa, a veces se queda mucho tiempo en nuestra casa. A muchos amigos de los Estados
Unidos, les parece insólito que no nos molesten estas largas visitas. En contraste, a nosotros
los hispanos, nos parece insólito que estos amigos, a veces, pongan a sus propios padres en
un hotel cuando estos los vienen a visitar.

Creo que, generalizando un poco, se pude decir que los estadounidenses son educados para
ser independientes desde jóvenes. En contraste, los hispanos se mantienen más cerca de sus
familias. Por ejemplo, no es nada raro que un hijo soltero de 30 años todavía viva con sus padres.
Aquí en los Estados Unidos sólo conozco a una persona en esta situación.

## Paso 2: Gramática

**Gramática 40   A.**   1. C   2. C   3. C   4. F   5. F   6. C   7. F   8. F   **B.**   a.   1. sea   2. esté   3. tenga
4. cueste   5. encuentren   b.   1. sepa   2. sea   3. fume   4. pase   5. llegue   6. se ponga   7. se enferme
c.   1. practiquen   2. jueguen   3. escuchen   4. hagan   5. guste   **C.**   a.   1. viven en la playa   2. viva
en las montañas   b.   1. le enseñe a hablar   2. viene a visitar   c.   1. son bonitos   2. le hacen   3. sean
cómodos   4. estén de moda   5. vayan bien con su falda rosada   6. le guste   d.   1. podamos alquilar
2. son razonables   3. están lejos del centro

## Paso 3: Gramática

**Gramática 41   A.**   1. salgamos   2. nos vayamos   3. nos equivoquemos   4. descanses
**B.**   1. a. quiera   b. sepa   c. esté   2. a. volvamos   b. le preste   c. consiga   3. a. llueva   b. haya
c. empiece   **C.**   (*Possible answers*)   1. para   2. para que   3. antes de   4. antes de que   5. sin   6. en
caso de que   **D.**   (*Possible answers*)   1. tengas un buen trabajo   2. te enfermes o haya una emergencia
3. se conozcan   4. se amen y se lleven bien   5. antes de casarte (antes de que se casen)   **Un poco de
todo   A.**   1. se llevan   2. se odian   3. por   4. sepa   5. ha   6. por   7. han   8. se conozcan   9. se
encuentran   10. se enamoran   11. los vean   12. se encuentran   13. Por   14. descubren   15. rompan
16. lo obedezca   17. va   18. se termine   19. se escapan   20. lejos   21. han   22. vuelvan   23. acaben

## Paso 4: Un paso más

**Videoteca   Entrevista cultural**   1. chileno   2. fotógrafo   3. sacar   4. bodas   5. sociales   6. encanta
7. Le   8. cumpleaños   9. aniversarios   10. rodeo   11. septiembre   **Enfoque cultural**   1. de chilli, una

palabra indígena   2. la producción de cobre   3. casi el 90 por ciento   4. Es largo y estrecho.   5. en el norte   6. fiordos, islas y glaciares   **Póngase a prueba   A ver si sabe...   A.**   1. es   2. sepa   3. conoce   4. haga   5. vaya   **B.**   1. *1.* c   *2.* d   *3.* b   *4.* a   2. a. poder   b. salga   c. tengas   d. llamarme   **Prueba corta   A.**   1. quiera   2. vaya / viajan   3. nacen   4. acaba   5. sea   **B.**   1. casarse   2. puedan   3. necesites   4. hayas   5. consigas   6. se vayan

# CAPÍTULO 16

## Paso 1: Vocabulario

**Profesiones y oficios   A.**   1. hombre/mujer de negocios   2. obrero   3. plomero/a   4. comerciante   5. enfermero/a   6. abogado/a   7. siquiatra   8. maestro/a   9. ingeniero/a   10. médico/a   11. periodista   12. bibliotecario/a   **C.**   1. Viajan de Guayaquil a Quito (Ecuador) en autobús.   2. Los tres son intelectuales. Una es profesora, otro es abogado y el otro es arquitecto.   3. Él es comerciante.   4. No, parece que no ganan lo suficiente.   5. No ganan lo suficiente para mantener a sus familias.   **El mundo del trabajo   A.**   1. currículum   2. escríbelo a máquina   3. empleos   4. entrevista / director de personal   5. empresa / sucursales   6. caerle bien   7. Llena / solicitud   8. renunciar / dejes   **B.** (*Possible answers*)   1. a. Busca empleo.   b. No, no duda que puede colocarse en esa empresa. Parece que tiene contactos.   2. a. Está despidiéndolo.   b. Es necesario que se vista mejor.   3. a. Está llenando una solicitud.   b. Espera caerle bien al director (a la directora).   **C.   Paso 1.**   5, 6, 2, 4, 3, 1   **Una cuestión de dinero   A.**   1. gastado   2. ahorrar   3. presupuesto   4. alquiler   5. corriente   6. facturas   7. devolver   8. te quejas   **B.**   1. al contado   2. a plazos   3. préstamo   4. tarjeta de crédito   5. cajera   **Pronunciación y ortografía   C.**   *The following words require a written accent:*   1. cobró   4. toqué   6. descríbemela   7. levántate   10. francés   **E.**   1. Creo que ese regalo es para mí.   2. Aquí está tu té. ¿Qué más quieres?   3. Él dijo que te iba a llamar a las ocho.   4. Sí, mi amigo se llama Antonio.

## Paso 2: Gramática

**Gramática 42   B.**   1. buscaré / compraré   2. harás / vivirás   3. vendrá / estará   4. iremos / nos divertiremos   5. tendrán / podrán   6. saldremos / volveremos   **C.**   1. cobrará / lo pondrá   2. querrán / se sentarán   3. sabrá / se quedará   4. les dirá   5. tendremos / iremos / bailaremos   **D.** (*Possible answers*)   1. ...podré comprar un coche.   2. ...habrá mucho tráfico.   3. ...se pondrá furiosa.   4. ...sabré cómo llegar a tu casa.   **E.**   1. Ahora estudiará ingeniería.   2. Ahora será programadora.   3. Ahora estará casada.   4. Ahora jugará con un equipo profesional.

## Paso 3: Gramática

**Gramática 43   A.**   1. a, Habitual   2. b, Futuro   3. b, Futuro   4. a, Habitual   5. a, Futuro   **B.**   1. a. Cuando me casé   b. Cuando me case   2. a. Tan pronto como vuelvo   b. Tan pronto como volví   c. Tan pronto como vuelva   3. a. hasta que nos llaman   b. hasta que nos llamaban   c. hasta que nos llamen   4. a. Después (de) que nos vamos   b. Después (de) que nos fuimos   c. Después (de) que nos vayamos   **C.**   1. Cuando viaje a México, llevaré solamente dólares y tendré que cambiarlos a pesos.   2. Iré a la Casa de Cambio Génova, en el Paseo de la Reforma.   3. Firmaré los cheques de viajero en cuanto entre en el banco.   4. Haré cola hasta que sea mi turno.   5. Le daré mi pasaporte al cajero tan pronto como me lo pida.   6. Después de que le dé 100 dólares, él me dará un recibo.   7. Me devolverán el pasaporte cuando me den el dinero.   8. Iré al restaurante... en cuanto salga...   **D.**   1. Elena hará su viaje en cuanto reciba su pasaporte.   2. Ellos no se casarán hasta que encuentren casa.   3. Roberto nos llamará tan pronto como sepa los resultados.   4. Mario vendrá a buscarnos después de que vuelva su hermano.   5. Mi hermana y yo iremos a México cuando salgamos de clases.   **Un poco de todo**   1. rapidez, comodidad, facilidad, tranquilidad   2. Le ahorra tiempo.   3. Tiene setecientos cincuenta telebancos.   4. Lo más maravilloso es que la tarjeta sea gratis.   5. Lo mejor es que la tarjeta les proporcione (dé) dinero a cualquier hora.   6. Si se pierde la tarjeta, nadie más que él la puede usar.

## Paso 4: Un paso más

**Videoteca   Entrevista cultural   Paso 3.** (*Answers will vary.*)   María y Sonia (Las dos) traen objetos que se usan para tomar una bebida típica de su país.   **Enfoque cultural**   1. 45 por ciento   2. 96 por ciento   3. No tienen costa marítima.   4. los numerosos ríos navegables   5. para producir energía eléctrica   6. el 90 por ciento   **Póngase a prueba   A ver si sabe...   A.** *llevar:* llevará / llevaremos / llevarán *poder:* podré / podremos / podrán *saber:* sabré / sabrá / sabrán *salir:* saldré / saldrá / saldremos *venir:* vendré / vendrá / vendremos / vendrán   **B.**   1. a   2. c   3. a   4. b   5. c   6. b **Prueba corta   A.**   1. iré   2. hará   3. habrá   4. pondré   5. devolverá   **B.**   1. recibamos   2. deposite 3. pueda   4. fui   5. terminen   6. tenía   7. pase

# CAPÍTULO 17

## Paso 1: Vocabulario

**Las noticias   B.**   1. enterarse   2. prensa   3. guerra   4. huelga   5. dictador   6. asesinato   7. paz 8. acontecimiento   9. esperanza   **El gobierno y la responsabilidad cívica   A.**   1. derecho / ciudadanos 2. rey / reina   3. ejército   4. discriminación   **B.**   1. noticiero   2. reporteros   3. acontecimiento   4. huelga 5. obreros   6. esperanza   7. prensa   8. desastre   9. se enteró   10. desigualdad   11. informa   12. testigos 13. demás (otros) 14. choques   15. paz   16. noticias   17. asesinato   18. dictador   19. acontecimiento 20. guerra   21. dictador   **Pronunciación y ortografía   C.**   1. Enero es el primer mes del año.   2. ¡No entiendo lo que me estás diciendo!   3. ¿Trabajaba en una tienda?   4. No olvides el diccionario la próxima vez, ¿eh?   5. Nació el catorce de abril de mil novecientos sesenta y uno.   6. ¿Adónde crees que vas a ir a estas horas de la noche?   **D.**   1. ¿Cuál es tu profesión? ¿Te pagan bien?   2. Tú no la conoces, ¿verdad?   3. ¿Prefiere Ud. que le sirva la comida en el patio?   4. ¡Qué ejercicio más fácil! 5. No sé dónde viven, pero sí sé su número de teléfono.   **Los hispanos hablan**   1. Hace que por la noche no haya nadie en las calles.   2. Hace que los adolescentes tomen más alcohol.   3. Por eso en las ciudades sólo hay menores de 18 años y mayores de 27.

## Paso 2: Gramática

**Gramática 44   A.**   1. aprendieron / aprendiera   2. decidieron / decidiera   3. sentaron / sentaras 4. jugaron / jugaras   5. quisieron / quisieras   6. hicieron / hiciera   7. tuvieron / tuviera   8. pusieron / pusiera   9. trajeron / trajéramos   10. vinieron / viniéramos   11. siguieron / siguiéramos   12. dieron / dieran   13. fueron / fueran   14. vieron / vieran   **C.**   1. a. fuera   b. almorzara   c. empezara d. hiciera   2. a. pudieras   b. recordaras   c. estuvieras   d. vinieras   3. a. los despertáramos b. pusiéramos   c. nos sentáramos   d. los llamáramos   4. a. ofrecieran   b. dieran   c. dijeran d. consiguieran   **D.**   1. Pepe quería que Gloria le trajera las llaves.   2. Ana quería que Carla le dijera la verdad.   3. David quería que Miguel se acostara temprano.   4. Rita quería que Ernesto no se enojara tanto y que fuera más paciente.   **E.**   1. Quisiera verla/lo (a Ud.) en su oficina.   2. Quisiera ver todas mis notas.   3. Mis compañeros de clase y yo quisiéramos tomar nuestro último examen otra vez.

## Paso 3: Gramática

**Un poco de todo   A.**   1. Ofrece un noticiero a las ocho.   2. Trata de una huelga de trabajadores. 3. Temen no poder llegar a su destino.   4. Significa un desastre económico.   5. Dice que espera que la huelga no dure más de tres o cuatro días.   6. Comenta que la huelga va a durar hasta que se resuelva la falta de igualdad de salarios.   7. Unos trabajadores atacaron a tres camiones de la Compañía Francesa de Petróleo.   8. Los detuvieron y los incendiaron.   9. Ocurrieron varios choques de automóviles.   10. Acaban de asesinar a su último dictador.   11. Dice que teme que ese acontecimiento precipite una guerra civil.   **B.**   1. Protestan porque la Cámara de Comercio de Hollywood no le dio a Carlos Gardel una estrella en el Paseo de la Fama.   2. Se conmemora el aniversario de la muerte de Gardel.   3. Se lo ha pedido once veces.   4. Son Rita Moreno, Andy García y Ricardo Montalbán. 5. Se presentaron en las instalaciones de la Alberca Olímpica de la capital de México.   6. Es obligatorio.   7. No hay suficientes escuelas preparatorias.   8. No, no es obligatorio (pero casi todos toman el S.A.T. o el College Board)   **C.**   1. llegáramos / llegamos / lleguemos   2. iba / fuera /

vayan   3. conocí / hayas conocido / conocieras   **D.**   1. llamó   2. ayudara   3. pidió   4. hiciera
5. trajera   6. supiera   7. quería   8. recomendó   9. vinieran   10. pudieran   11. volviera

### Paso 4: Un paso más

**Videoteca   Entre amigos**   *Karina:* la crisis económica, la crisis social, la (crisis) política; *Rubén:* la intolerancia, el paro, la (crisis) política; *Miguel René:* la corrupción, la pobreza, la delincuencia, la educación, la inseguridad; *Tané:* la libertad de prensa, la poca democracia   **Enfoque cultural   A.**   1. F   2. F   3. C   4. C   5. C   **B.**   1. Se lo cedió a Francia. / Se llama Haití.   2. con música, bailes, espectáculos, ferias y festejos   3. Porque es allí donde se encuentran la primera catedral, el primer monasterio, el primer hospital y la primera universidad.   **Póngase a prueba   A ver si sabe...**   1. *aprender:* aprendieras / aprendiéramos / aprendieran *decir:* dijera / dijéramos / dijeran *esperar:* esperara / esperaras / esperaran *poner:* pusiera / pusieras / pusiéramos *seguir:* siguiera / siguieras / siguiéramos / siguieran   2. a. fueran   b. pudiera   c. diéramos   d. fuera   **Prueba corta   A.**   1. obedecieran   2. pudiera   3. dieran   4. dijera   5. tratara   6. quisieras   **B.**   *el nombre de la candidata que perdió las elecciones:* Quejada; *el nombre del candidato que ganó las elecciones:* Sánchez; *el porcentaje de ciudadanos que votó por la candidata que perdió:* treinta (30) por ciento; *la cuestión principal de la campaña:* el medio ambiente

## CAPÍTULO 18

### Paso 1: Vocabulario

**Lugares y cosas en el extranjero   A.**   1. estanco / correo   2. champú / farmacia   3. estanco   4. copa / bar / café   5. paquete   6. quiosco   7. pastelería   8. estación / parada   **En un viaje al extranjero   A.**   1. C   2. F   3. C   4. C   5. C   **B.**   1. crucé   2. aduanas   3. pasaporte   4. viajera   5. nacionalidad   6. pedir   7. registrar   8. formulario   **C.**   1. pensión   2. de lujo   3. completa   4. desocupada   5. confirmar   6. recepción   7. con anticipación   8. botones   9. propina   10. ducha   11. huéspedes   12. alojarme   **Pronunciación y ortografía   D.**   1. Cuando viajes a Madrid, no olvides tu cámara.   2. Mandaré la carta en cuanto compre sellos y un sobre.   3. Perdón, señora, ¿pudiera decirme dónde está la estación del metro?   4. ¡Dios mío! ¡No sabía que iba a costar tanto para hablar con un abogado!   5. Oye, Julia, ¿oíste las últimas noticias?

### Paso 2: Gramática

**Gramática 45   A.**   1, 2, 6, 8   **B.**   1. bajaría   2. sabrías   3. querría   4. podría   5. haríamos   6. seríamos   7. dirían   8. pondrían   **C.**   1. Saldría en crucero desde Ft. Lauderdale.   2. Iría a Puerto Rico y visitaría el parque nacional El Yunque.   3. (No) Gastaría todo mi dinero en los casinos de San Juan.   4. Podría practicar el francés en Martinique.   5. Les mandaría tarjetas postales a mis amigos.   6. Haría muchas compras en St. Thomas porque no tendría que pagar impuestos.   **Nota comunicativa**   1. aceptaría   2. me confiaría   3. me casaría   4. iría   5. volvería   6. me ducharía

### Paso 3: Gramática

**Un poco de todo   B.**   1. entregó   2. contenía   3. tenía   4. nada   5. pidió   6. abriera   7. salir   8. preguntó   9. pensaba   10. dio   **C.**   (*Possible answers*)   1. Soy norteamericano/a.   2. Aquí lo tiene.   3. No, no tengo nada que declarar.   4. Sólo traigo objetos de uso personal.   5. Sí, cómo no.

### Paso 4: Un paso más

**Enfoque cultural**   1. Entre los años 200 a.C. y 419 d.C.   2. el español, el gallego y el portugués   3. la unificación de España y la expulsión de los judíos y árabes   4. Duró ocho siglos.   5. los judíos y los árabes   6. Satiriza actitudes tradicionales respecto a la familia, la religión, el machismo y la moralidad convencional.   **Póngase a prueba   A ver si sabe...**   1. *comer:* comería / comeríamos / comerían *decir:* diría / diría / diríamos / dirían *poder:* podría / podría / podrían *salir:* saldría / saldría / saldríamos / saldrían *ser:* sería / sería / seríamos   2. a. iría   b. lo haríamos   c. volverían   d. tendría   **Prueba corta   A.**   1. iba   2. viajaré   3. vendría   4. tendría   5. escribiría   6. conseguirían   7. hago   8. saldrían